NY PUBLIC LIBRARY THE BRANCH LIBRARIES
3 3333 10312 7920

W9-CGR-913

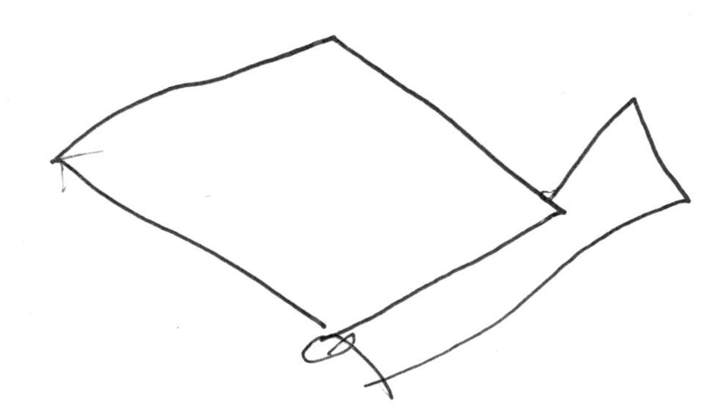

TEXTO E ILUSTRACIONES
GILBERT LEGAY

ATLAS
DE LOS INDIOS
NORTEAMERICANOS

JUVENTUD

PREFACIO

"¡QUÉ CAMINO, TÚ Y YO!"

"¿Dónde se hallan los pequots hoy en día? ¿Dónde se hallan los narragansets, los mohawks, los pokanokets y todas las tribus antaño poderosas? Han desaparecido ante la rapacidad y la opresión del hombre blanco como la nieve con el sol de verano."

La lamentación dramática del gran jefe shawnee Tecumseh se alza en el momento en que una joven nación, los Estados Unidos, se lanza a la conquista del Oeste, a principios del siglo XIX. ¿Quién, a finales del siglo XX, conoce las tribus evocadas por Tecumseh? Permanecen los fantasmas de una historia transfigurada por el mito.

A menudo, se contempla la América india a través del prisma deformador del western, el cómic o la literatura manida, otros tantos medios poco propensos a superar los estereotipos habituales. La obra de Gilbert Legay va en contra de las ideas preconcebidas y evita las aproximaciones apresuradas porque presenta el mundo indio con toda su diversidad y complejidad. El autor ha tomado el partido de seguir la división en áreas culturales elaborada por los antropólogos americanos; los europeos no están familiarizados con esta clasificación. Sin embargo, ofrece la ventaja de situar las etnias dentro de un marco geográfico que permite comprender mejor su inmersión en el entorno natural. Esta idea se ve subrayada por la designación de cada área cultural con un animal altamente simbólico, tanto para los indios como para nosotros. ¿Podemos disociar el indio del bisonte o el castor?

Otro punto interesante del presente atlas constituye la relación entre la imagen y el texto. La ilustración, que se inspira en documentos etnográficos de gran importancia, nos permite ver la América india en los tiempos de su esplendor, con la riqueza de sus múltiples comunidades cuya huella ha sido borrada a menudo por una historia sin piedad ni remordimientos. Texto e imágenes remiten a una reflexión acerca del destino de los indios, en un continente en que su reducido número —actualmente, tres millones de indios en Canadá y Estados Unidos— resulta totalmente desproporcionado con su influencia en nuestra cultura contemporánea.

En la película *Bailando con lobos*, el chamán siux Pájaro Saltarín, alegrándose de poder dialogar con el teniente John Dunbar, convertido en siux y alegrándose de su amistad, le revela una confidencia: "¡Qué camino, tú y yo!". En estas pocas palabras se encuentra condensada toda la dificultad de los hombres para comprenderse, de las culturas para escucharse. He aquí una guía para empezar a lograrlo. ▲

Philippe Jacquin.

Originalmente, unos cazadores venidos de Siberia poblaron el continente americano. Aprovechando las condiciones favorables nacidas de los movimientos de la última glaciación, cruzaron el actual Estrecho de Bering por un puente de hielo. Según parece, tuvieron lugar dos períodos particularmente favorables entre el 34.000 y 30.000, luego 24.000 y 10.000 a. de J.C. Estas fechas permanecen aproximativas y, en el futuro, unos nuevos descubrimientos pueden aportar la prueba de un asentamiento más antiguo, hipótesis que ciertos especialistas no descartan.

Cuando se referían a sí mismos, decían:

EL PUEBLO... LOS HOMBRES...

LOS HOMBRES VERDADEROS...

LOS HOMBRES DE LAS NUBES...

LOS HOMBRES DEL AGUA AZUL...

EL PUEBLO DEL PÁJARO...

Vivían en un espacio inmenso, veneraban el sol y temían el trueno.
Buscaban la armonía con la naturaleza, respetando las plantas y los animales.
Honraban la tierra y fueron vencidos por otros que lo único que querían era poseerla.
Eran valientes y ni siquiera la historia supo darles un nombre digno de ellos:
«pieles rojas», para esos hombres de piel morena, indios, en referencia a una tierra que no era suya y a un navegante que no era el primero.
Eran dignos de respeto y fueron tratados como salvajes por unos invasores que trajeron consigo guerras, enfermedades, violencia y codicia.
Incluso los que venían a predicar el amor al prójimo se inmiscuyeron: entre centenares de supuestos sacerdotes-mártires, ¿cuántos monjes-soldados, cuántos puritanos y otros fanáticos de Dios que perseguían a los indios como quien persigue el mal?
Solamente se alzaron unas pocas voces para protestar y oponerse en nombre del bien y la justicia.
Solamente unos ejemplos dejan vislumbrar que la historia habría podido escribirse de otro modo:
los colonos suecos que vivieron en buenas relaciones con sus vecinos indios;
los cuáqueros de William Penn que vinieron en son de paz, conscientes de que usurpaban el territorio de otros hombres;
los pioneros y cazadores de Nueva Francia que mantuvieron con los indios unas relaciones a menudo fraternales, compartiendo sus vidas y casándose con sus hijas;
ejemplos demasiado raros, frágiles balsas de humanidad que derivaban por un torrente de lágrimas y sangre.

El presente libro se propone iniciar al lector en el mundo de los indios, a partir de las diez regiones definidas por los científicos, que dividen el continente en biotopos y modos de vida. En cada región, se presentan las tribus más importantes, a través de varios rasgos esenciales (origen o significado del nombre, familia lingüística, localización geográfica, particularidades culturales, hechos importantes de su historia y estado actual de la tribu). Inspirándose en testimonios de pintores, dibujantes o fotógrafos, unas nuevas creaciones permiten tener una visualización más homogénea de los pueblos, paralelamente a la descripción de varios elementos de su entorno (tipo de hábitat, animales, plantas). Al privilegiar el criterio geográfico, esta obra es, por definición, incompleta; no hace más que tratar superficialmente ciertos aspectos del mundo de los indios norteamericanos: las lenguas, las creencias, la organización tribal o familiar, las armas, las técnicas de caza y de pesca, el papel de las mujeres y la artesanía. Tantos temas como los lectores apasionados podrán descubrir en otras obras, pasando de la anécdota a la historia, de lo pintoresco a la etnología, de los sombreros de plumas a la gran aventura de los hombres. ▲

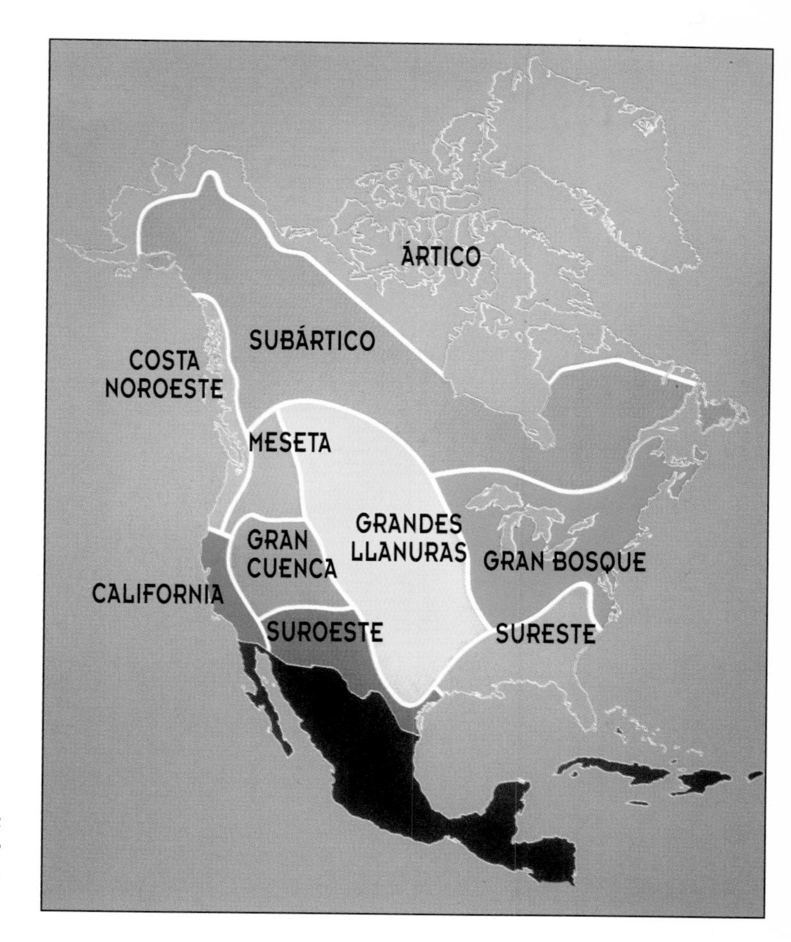

Los antropólogos han dividido el continente norteamericano en diez regiones que corresponden cada una a un biotopo, en el que los indios compartían condiciones de vida cuyas dominantes eran prácticamente idénticas: clima, entorno, flora, fauna, etc.

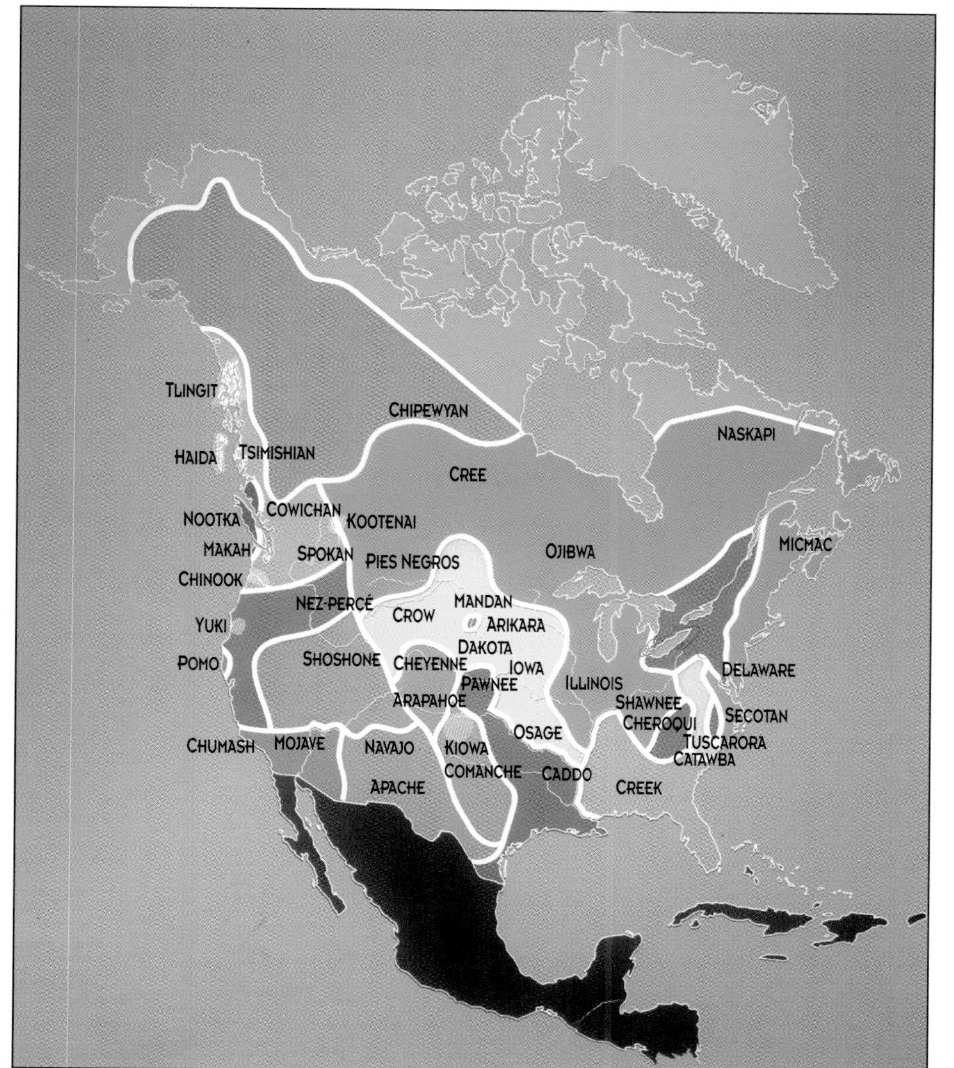

- ESQUIMO-ALEUT
- ATAPASCO
- ALGONQUINO
- IROQUÉS
- SIUX
- MUSCOGI
- CADDO
- SHOSHONE
- HOKA
- SHAHAPTI-PENUTI
- SALISH
- WAKASH

Este mapa representa el reparto simplificado de las 12 grandes familias lingüísticas que se reparten Norteamérica. Cada familia reunía varias lenguas que tenían numerosos derivados, pues, con el transcurso del tiempo, cada tribu definía su identidad lingüística. Según las estimaciones, se hablaban cerca de un millar de lenguas a la llegada de los blancos, pero sólo han sido identificadas 221. Se mencionan varios nombres de tribus a título indicativo. Las zonas grisáceas corresponder a los 7 grupos étnicos aislados principales.

El Sureste

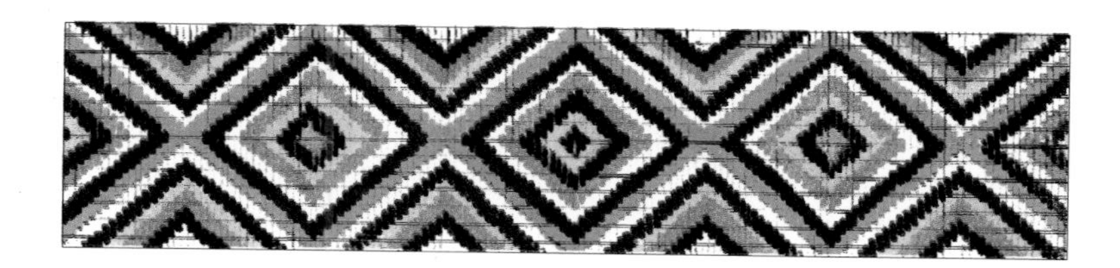

Los Hombres del Caimán

En cuanto terminó el episodio de los descubrimientos, se abrió la era de las exploraciones y las conquistas. Implantándose en las Antillas, los españoles lanzaron a sus capitanes al asalto de nuevas tierras. En varias decenas de años, el golfo de México se convirtió en un mar español y partieron expediciones hacia el Oeste y el Sur. Todavía se imponía en las mentes la angostura del continente, y el descubrimiento del océano Pacífico por Balboa (1513) no hizo más que consolidar esta idea. La búsqueda del hipotético pasaje hacia las Indias Orientales, el incentivo de las riquezas y afán de conquista exaltaron a los españoles.

El Norte parecía menos prometedor en cuanto a tesoros y gloria. En una primera fase, sólo fue objeto de pequeñas expediciones. El primero que se lanzó fue Ponce de León: abordando el continente el 27 de mayo de 1513, se aventuró en una naturaleza lujuriante. Pero no era el atractivo de esos paisajes desconocidos lo que empujaba al viejo soldado. Tampoco era para la gloria del rey de España el que desafiara el peligro: acababa de casarse con una mujer joven y hermosa, y su objetivo era descubrir la fuente de la juventud de la que se hablaba en las leyendas de marineros. Contaba con las propiedades de esta agua para recobrar el ardor juvenil...

A la sazón de un primer viaje, los españoles mataron a varios calusas; al término de un segundo, ocho años más tarde, fueron los indios los que exterminaron a casi la totalidad de la expedición. El mismo Ponce de León, alcanzado por una flecha, murió a consecuencia de la herida, a su regreso a Cuba. No había encontrado la fuente buscada y los indios, a partir de entonces, se opondrían a todas las incursiones españolas. Sucesivamente, y con efectivos cada vez más importantes, Vázquez de Ayllón, Pánfilo de Narváez y Hernando de Soto abordaron en Florida e intentaron abrirse camino a grandes golpes de espada. Los tres van a dejarse la vida. De las narraciones de los supervivientes, los españoles sacarán una lección: al Norte existen vastos territorios poblados de hombres valientes que serán muy difíciles de someter. Los españoles abandonarán momentáneamente los proyectos de conquista de Florida. Pero a partir de la segunda mitad del siglo XVI, varios intentos de implantación francesa e inglesa obligarán a la potencia ibérica a reaccionar, si quiere conservar una región que considera incluida en su zona de influencia. España, Francia e Inglaterra se opondrán, muy a menudo por medio de los indios que cada gran potencia ganará a su causa. En menos de dos siglos, incesantes guerras y epidemias sellarán el destino de las grandes naciones indias vecinas del Atlántico.

La región del Sureste comprende Luisiana, Misisipí, Alabama, Tennessee, Florida, Georgia, Carolina del Sur, una parte importante de Carolina del Norte y las dos Virginias, es decir todos los Estados situados al sur de una larga curva que va de la desembocadura del Río Bravo al estrecho de Pamlico. Antes de la llegada de los europeos, los indios de la región vivían sin dificultades, vinculados a la naturaleza, con un clima húmedo y suave. Se estima que la población pasaba del millón de individuos a principios del siglo XVI. ▲

El caimán es el reptil más grande del continente norteamericano. Habitante de los lagos, ríos, pantanos y las marismas, se encuentra particularmente en los Everglades de Florida y en la desembocadura del Misisipí. Los indios se enfrentaban a él sin temor.

LOS PUEBLOS DE FLORIDA

Según una imitación de Fontaneda, hacia 1650.

LOS CALUSAS

- Según Hernando Fontaneda, que fue su primer prisionero durante varios años, su nombre significaba «pueblo feroz», a menos que no se trate de una corrupción de *Carlos* (en referencia a Carlos V).
- Lengua: muscogi.
- Sur de Florida.
- Unas excavaciones arqueológicas parecen indicar que sus antepasados poblaban la región aproximadamente unos 1.400 años a. de J.C. Hábiles escultores de madera, los calusas eran labradores y pescadores. Por vía marítima, comerciaban con Cuba y, tal vez, Yucatán. Practicaban sacrificios humanos.
- Su flota de 80 canoas ahuyentó a Ponce de León en 1513. A pesar de todo, los españoles se implantaron en Florida a finales de siglo.
- Población estimada en 3.000 en 1650. Un siglo más tarde, varios supervivientes se unen a los semínolas y otros huyen a Cuba.

Con frecuencia, conflictos menores oponían a esos pueblos, tanto por el afán de combate como para preservar sus territorios de caza. Los sabios y el jefe de la comunidad celebraban una asamblea en la que siempre se discutía largo y tendido la decisión de desencadenar una acción. Si ganaba la opción belicosa, se designaba a un jefe de guerra cuya primera tarea consistía en exaltar el coraje de los hombres. Luego procedían a los preparativos rituales que podían durar varios días y que consistían en ponerse en condiciones físicas y morales, operación juzgada indispensable. Los hombres ya no podían tener contacto con las mujeres y se les imponía un ayuno absoluto, con tomas de pociones vomitivas a base de plantas. Esta búsqueda de la pureza iba acompañada con danzas y narraciones que relataban las hazañas de los ancianos. Para clausurar los preparativos, se organizaba un festín en el que se servían carnes de animales reputados por su coraje (ciervo) o su fidelidad (perro). Una última precaución: se consultaban los oráculos; si eran desfavorables, la empresa se interrumpía, de lo contrario los guerreros partían, pintados de rojo y negro, los colores de la guerra y la muerte. La intervención era breve: matar, escalpar, raptar a los prisioneros, «firmar» el raid y volver, triunfantes, a las bases. El regreso de los guerreros victoriosos se celebraba con nuevas ceremonias durante varios días. Hasta su término no se decidía la suerte de los prisioneros: adopción, esclavitud o muerte.

Para protegerse de las incursiones enemigas, las aldeas estaban rodeadas con empalizadas y a menudo provistas de una atalaya. Cada aldea se organizaba alrededor de los principales centros de actividad: la casa del consejo, el lugar de reunión de los ancianos, y el área en que los jóvenes se adiestraban con las armas de tiro y tenían lugar las partidas del juego del palo. Este «deporte» colectivo era practicado por los indios del Sureste con una particular violencia. Ahí se formaba el temperamento de los futuros guerreros. Si los pueblos se enfrentaban, lo hacían en nombre de las tradiciones guerreras, prontos a tomar al vuelo cualquier tema de desacuerdo o atentado al orgullo. Sin embargo, poseían una similitud de cultura y de modo de vida. Establecidos en una región hospitalaria y hábiles labradores, satisfacían sin problemas las necesidades alimentarias de sus comunidades (cultivo de maíz, calabazas, girasol), los animales abundaban y los indios no carecían de ingeniosidad para cazarlos. Según el testimonio de Jacques Le Moyne, dibujante y cartógrafo francés que residió en Florida hacia 1565, los indios se disimulaban bajo unas pieles para acercarse a su presa preferida, el ciervo, o tendían una trampa al caimán clavando una larga percha puntiaguda en la boca del animal. Para la caza pequeña y los pájaros, los cheroquis utilizaban cerbatanas que podían propulsar proyectiles mortíferos a más de veinte metros. Estos indios se distinguían por un gran conocimiento de las propiedades medicinales de las plantas. Los cheroquis y los chickasaws aprovechaban las propiedades estupefacientes de las plantas que contenían saponina para lograr sin cansancio ¡y sin milagro! pescas abundantes. ▲

El jaboncillo, planta de la familia de las sapindáceas, crece en las zonas subtropicales de los Estados Unidos. Su docena de especies contiene saponina. Utilizada como detergente natural, esta sustancia espumosa también provoca un efecto estupefaciente en los peces que son muy aficionados a los granos de jaboncillo. Además, los indios la empleaban para pescar sin esfuerzo en estanques y lagos.

El pavo (Meleagis gallopavo) *vivía en estado salvaje en todo el Sureste. Era para los indios una caza abundante, pero ciertas tribus, que lo consideraban estúpido y miedoso, se negaban a consumir su carne por miedo a heredar sus defectos.*

LOS TIMUCUAS

- También conocidos por el nombre de *Utina*, «jefe». Timucua significaría «soberano» o «amo».
- Lengua : muscogi.
- Norte de Florida.
- Labradores, cazadores y pescadores, los timucuas vivían en casas redondas reagrupadas en aldeas fortificadas. Marineros muy hábiles, comerciaban con Cuba.
- Conocidos sucesivamente por Ponce de León (1513), Narváez (1528), De Soto (1539) y Ribault (1562). Los españoles suplantaron a los franceses y cristianizaron a los timucuas antes de que éstos fueran diezmados por los creeks, los yuchis y los catawbas, ayudados por los ingleses.
- Los timucuas, que alcanzaban los 13.000 hacia 1650, ya no existían un siglo más tarde.

Según John White, hacia 1650.

LOS APALACHES

- Del choctaw *Apalachi*: «pueblo del otro lado» (del río Alabama).
- Lengua: muscogi.
- Noroeste de Florida.
- Probablemente llegaron hacia el siglo XIV del oeste del Misisipí, trayendo consigo la tradición de los templos construidos sobre los cerros. Temibles guerreros, también eran pescadores, cazadores y labradores. Comerciaban con los timucuas.
- Convertidos por los misioneros españoles en el siglo XVII, los apalaches fueron víctimas de los creeks y los colonos ingleses (1703). Los supervivientes apoyarán la rebelión de los yamasis (1715).
- A principios del siglo XIX, la nación de los apalaches ya no existe.

Según un grabado del siglo XVI.

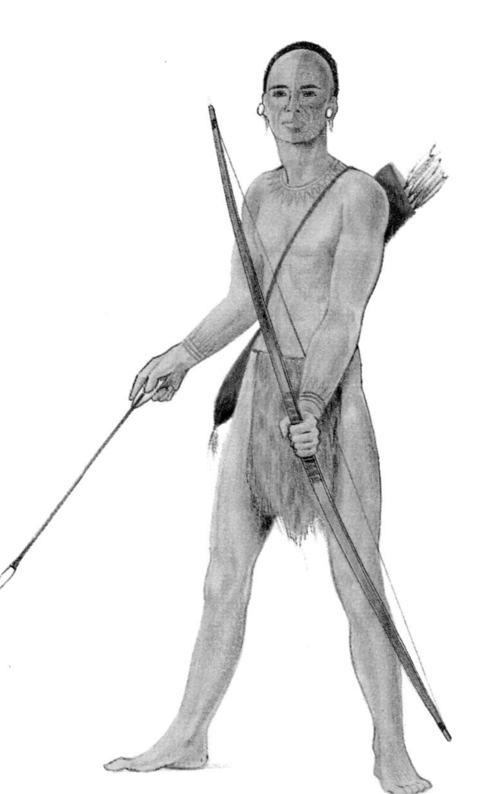

Según un grabado del siglo XVII.

LOS NATCHEZ

- Etimología incierta. Su nombre podría significar «guerreros del gran acantilado».
- Lengua: muscogi.
- Poblaban las orillas del Misisipí.
- Además de ser grandes tejedores, se distinguían por una organización tribal teocrática, centrada alrededor de un monarca autoritario, el Gran Sol. Las relaciones sociales obedecían a una estricta jerarquía.
- Constituían la tribu más importante de la región. Fueron prácticamente aniquilados en 1729-1730, en ocasión de su rebelión contra los franceses. Los supervivientes se dispersaron por las tribus vecinas y otros fueron enviados como esclavos a Santo Domingo.
- Población estimada en 4.500 en 1650.

Los Agricultores del Misisipí

Según un grabado del siglo XVII.

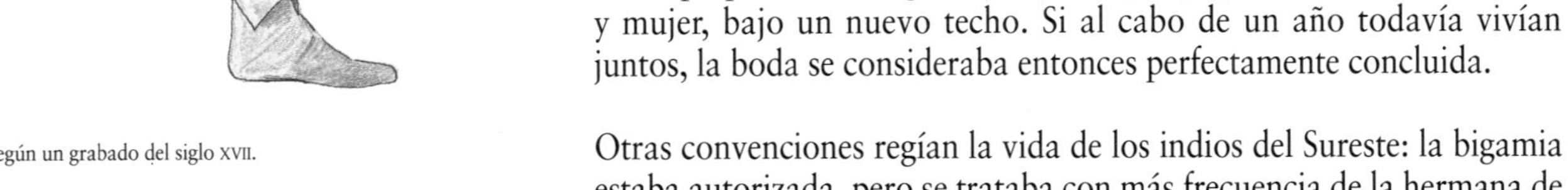

Como con todos los indios, los papeles respectivos de los hombres y las mujeres estaban perfectamente definidos. Los hombres cazaban, pescaban, roturaban las tierras por labrar, construían casas y empalizadas, y fabricaban armas y canoas; las mujeres plantaban y cosechaban, cocinaban y se encargaban de los trabajos de alfarería, cestería, curtido y costura.

Dado que la familia constituía la unidad de base de las sociedades indias, la unión de dos seres era un acontecimiento importante que sólo se podía concluir al término de una serie de etapas convenidas. Una tía del chico tenía por misión de informar a la muchacha. Ésta, en un día previsto de antemano, tenía que poner, en un lugar visible frente a su casa, un cuenco de *hominy*. Entonces, el muchacho venía a solicitar el favor de comer esta preparación de maíz; al autorizárselo, la muchacha daba a entender que aceptaba su petición. En este caso, la familia del novio preparaba los regalos y la joven pareja podía vivir como marido y mujer, bajo un nuevo techo. Si al cabo de un año todavía vivían juntos, la boda se consideraba entonces perfectamente concluida.

Otras convenciones regían la vida de los indios del Sureste: la bigamia estaba autorizada, pero se trataba con más frecuencia de la hermana de la primera mujer, lo que constituía una garantía de buena armonía. Una viuda tenía que esperar cuatro años antes de volver a casarse, menos cuando lo hacía con un pariente cercano del difunto marido; los períodos de menstruación y embarazo conllevavan limitaciones y prohibiciones. A excepción de los natchez y los timucuas cuyas sociedades monárquicas dependían de una transmisión hereditaria del poder, las tribus del Sureste funcionaban según unos principios «democráticos», alrededor de un sistema de costumbres basado en la filiación a través de las mujeres. Se elegían a los jefes por su sabiduría: conducían las ceremonias, pero su peso político se limitaba a dirigir los debates del consejo, asumiendo un papel de conciliador supremo. ▲

Los Creeks

- Del inglés *creek*, porque vivían en la ribera del río Ochulgee, que los europeos llamaban Ochese Creek. Se denominaban a sí mismos *muscogi*, del nombre de la tribu dominante.
- Lengua: muscogi.
- Estados actuales de Georgia y Alabama.
- Confederación de tribus reunidas alrededor de los muscogis. Los creeks eran excelentes labradores (maíz, calabazas, girasoles) y, si se terciaba, cazadores y pescadores. Fortificaban sus aldeas.
- Al lado de los yamasis durante su rebelión (1715), se opusieron a los cheroquis por la hegemonía regional (1753) y se aliaron con los ingleses contra franceses y españoles. Esto no impidió que los colonos británicos invadieran sus tierras. Tras la independencia americana, los creeks dirigieron en vano la rebelión de los Red Sticks (1812-1814). Su exilio forzado hacia el lejano Oklahoma empezó en 1836.
- Aproximadamente unos 20.000 a principios del siglo XVIII. Sus descendientes son numerosos (entre 12.000 y 40.000), y la mayoría está instalada en reservas de Oklahoma.

Aldea creek.

Según un grabado del siglo XVII.

Los Chickasaws

- Etimología desconocida.
- Lengua: muscogi.
- Norte del actual estado del Misisipí.
- Guerreros muy temibles. Los hombres cazaban, pescaban y construían las moradas. Las mujeres se ocupaban de las plantaciones.
- Fieles aliados de los ingleses, los chickasaws desempeñaron el mismo papel en el Sur que los iroqueses en el Norte. Al no tolerar ninguna incursión en su territorio, lucharon contra shawnees (1715 y 1745), iroqueses (1732), franceses (1736), cheroquis (1769) y creeks (1795). En 1822, emigraron hacia Oklahoma, donde obtuvieron un territorio determinado.
- Aproximadamente 5.000 descendientes a mediados del s. XX.

Según George Catlin, 1834.

Los Choctaws

- Etimología incierta. Puede ser una corrupción del español *chato*, pues achataban el cráneo de los niños porque creían que esta costumbre les daba una vista aguda. Por esta misma razón, los franceses les llamaban «Têtes plates» (cabezas chatas).
- Lengua: muscogi.
- El Sur de Alabama.
- Menos belicosos que sus vecinos y enemigos, los chickasaws, los choctaws se dedicaban a la agricultura (maíz, batatas, girasol). Eran también cazadores con arco y cerbatana.
- Tras el paso de la expedición de De Soto, permanecieron 150 años sin contacto con los europeos. Aliados con los franceses, tuvieron, tras la derrota de éstos, que emigrar al oeste del Misisipí (1780). En 1830, cedieron sus tierras al gobierno americano y partieron hacia Oklahoma.
- Unos 20.000 en 115 pueblos a principios del siglo XVIII. El censo de 1985 indica aproximadamente el mismo número (Oklahoma, Misisipí).

Según un grabado de 1762.

Los Cheroquis

- Etimología incierta. Puede ser una corrupción de *tsalagi*, «pueblo de las cuevas», palabra que empleaban para designarse, o procedente del creek *tsiloki*, «pueblo de otra lengua».
- Lengua: iroqués.
- Establecidos en la extremidad sur de la cordillera de los Apalaches.
- Labradores y cazadores, los cheroquis estaban organizados en 7 clanes de estructura compleja. Sus aproximadamente sesenta pueblos estaban reagrupados alrededor de la «capital»: Echota.
- Encontrados por De Soto en 1540, estuvieron implicados en todas las luchas que ensangrentaron la región. Rechazados hacia el Oeste por los colonos, participaron en la rebelión de Little Turtle y en la victoria india de Wabash (1781). Intentaron organizarse en una nación siguiendo el modelo blanco. Inventaron una escritura y publicaron un semanario, el *Cherokee Phoenix*. Pero la ola de colonos y el descubrimiento de oro en su territorio (1826) precipitaron su exilio hacia Oklahoma, que muchos pagaron con su vida en la Pista de las Lágrimas. Participaron divididos en la guerra de Secesión, algunos optando por el Norte, otros por el Sur.
- Estimado en 25.000 en 1650, su número se acercaba a los 50.000 en 1982. Una gran mayoría en Oklahoma, a pesar de que algunos, cada vez más numerosos, regresan a las tierras ancestrales (Tennessee, Carolina del Norte).

Los «Hombres del Sol»

Según George Catlin, 1838.

Los Yuchis

- «Los que vienen de lejos.» Su propio nombre, *Tsoyama*, significaba «hombres del sol».
- Lengua: siux.
- Este de Tennessee.
- Como vivían en una región de pequeñas montañas, eran independientes y feroces guerreros.
- En 1567, los españoles les infligieron graves pérdidas. Frente a la presión de los colonos, emigraron hacia las tierras de los creeks (1729) a los que seguirán, algunos, a Oklahoma. Otros aumentaron las filas de los semínolas.
- Población estimada en 5.000 en el siglo XVI. El censo de 1949 apuntaba 1.216 descendientes de los yuchis, cuya mitad estaba mestizada.

El coralillo (**Micrurus fulvius**) *puede alcanzar 1,20 m. Esta serpiente, que tiene un veneno muy peligroso, frecuenta indiferentemente las zonas rocosas y los espacios húmedos con mucha vegetación.*

Los Catawbas

- Posibles etimologías: del choctow *katapa*, «dividido, separado», o del yuchi *kotaba*, «hombres robustos». También conocidos con el nombre de *Issa* o *Essa*: «río».
- Lengua: siux.
- Valle del río Wateree (o Catawba), en las dos Carolinas.
- Agricultores sedentarios, conocidos por su bravura y hospitalidad.
- Confederación de unas quince tribus. Enemigos de los cheroquis, fueron fieles a los ingleses (salvo en 1715, en la rebelión de los yamasis) y luego a los americanos.
- Duramente asolados por las guerras y la varicela, los catawbas sólo eran varios cientos en 1775. Algunos se fundieron y se mestizaron con los cheroquis exiliados. El último de pura sangre moriría en 1962.

Según un grabado del siglo XVIII.

Bien integrados en un entorno que respetaban, los indios del Sureste estructuraban el universo en tres niveles: un mundo de «arriba», hecho de orden y pureza, un mundo de «abajo», refugio de las fuerzas maléficas y perturbadoras. Estos mundos estaban en conflicto permanente, en busca de un equilibrio que sólo podía realizarse en un tercer nivel intermediario: el mundo real en el que vivían los hombres, las plantas y los animales. Los animales también se clasificaban en tres categorías: los de cuatro patas, los más familiares del mundo real, de entre los cuales el ciervo es el ejemplo emblemático; los pájaros, que rozan con las alas el mundo de «arriba»; las serpientes, los lagartos, peces e insectos, que están en contacto con el mundo de «abajo». Ciertos animales, mirados con temor, escapaban a esta clasificación: el murciélago y la ardilla voladora (4 patas pero desplazándose por el aire), las ranas y tortugas (4 patas pero en contacto con el agua), las lechuzas y los pumas (que ven de noche) y ciertas serpientes que pueden desplazarse por el suelo y los árboles. Capaz de andar a cuatro patas y también, como el hombre, a dos, el oso ocupaba un lugar particular: a los ojos de los indios, era un hombre que rechazaba la condición humana y prefería vivir como un animal. Los vegetales estaban clasificados en dos categorías, según tenían la hoja caduca o perenne.

Para esos indios bien organizados, el mundo real era una construcción simple y lógica: una isla flotando sobre las aguas y suspendida en el cielo por los cuatro puntos cardinales... Ni que decir tiene que esta ingenua y poética visión del mundo se desmoronó el día en que los españoles, «los hombres de hierro», luego otros, todos venidos de otra parte, hicieron irrupción en su universo, conllevando la devastación, la enfermedad y la muerte. ▲

El crótalo diamante (**Crotalus adamanteus**) *es particular del Sureste. Es la más grande de las serpientes de cascabel y también la más peligrosa por la virulencia de su veneno.*

Según Charles Bird King, 1826.

LOS SEMÍNOLAS

◆ Tal vez la traducción de un término creek que significa «fugitivo». Más probablemente, la corrupción del español *cimarrón*, salvaje. Ellos mismos se llamaban *ikaniuksalgi*, «pueblo de la península».

◆ Lengua: muscogi.

◆ Establecidos en Florida.

◆ Labradores (maíz, calabazas, tabaco, batatas, melones), cazadores, pescadores y recogedores de fruta. Criaron ganado vacuno a partir de unos animales abandonados por los españoles.

◆ Pueblo mestizo, constituido por aportaciones sucesivas de indios que huían del avance de los blancos (yamasis, apalaches, creeks red sticks) y de esclavos negros. De 1817 a 1858, tres guerras contra los americanos los forzaron a abandonar progresivamente Florida. Aparte de 300 semínolas que se negaron a abandonar los Everglades, los demás se fueron al exilio.

◆ En 1970, se censaban aproximadamente 4.000 semínolas en Oklahoma y 2.000 en Florida.

Refugio semínola.

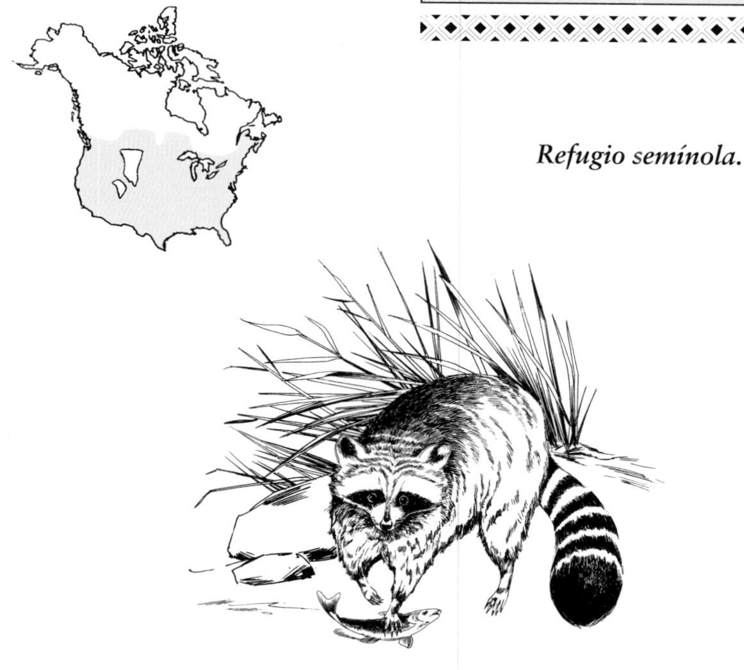

El mapache (**Procyon lotor**) *es un animal esencialmente americano. Presente en las zonas arboladas y al borde de ríos y lagos, omnívoro, el mapache vive sedentario cerca de su antro, normalmente un tronco de árbol hueco. Sólo rompe sus costumbres en período de aparejamiento; entonces el macho sale en busca de una compañera, con la que compartirá unos días, antes de marcharse otra vez tras una nueva aventura.*

Según una foto del *Harper's Weekly*, 1858.

El Gran Bosque

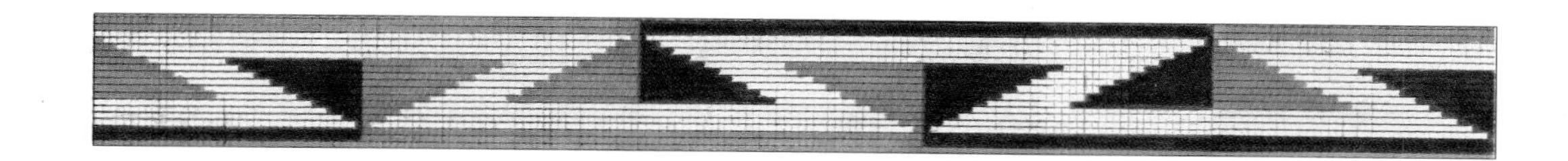

Los Hombres del Castor

En el siglo XVI, franceses e ingleses se adentraron en el nuevo continente por esta región. Descubrieron una vasta comarca cubierta de un espeso bosque, aclarado por una densa red de ríos y lagos. Solamente algunas modificaciones del escenario natural daban muestras de la presencia del hombre: pueblos establecidos junto a los puntos de agua y varias superficies taladas que se utilizaban para el cultivo de maíz o tabaco. En las aguas abundaban los peces y, de la maleza a la cima de los árboles, rebosaban los animales de caza. En primavera, los indios iban a cultivar la sabia del arce. El líquido se almacenaba en recipientes de corteza de abedul dentro de los cuales se arrojaban piedras ardientes para llevarlo a ebullición. El jarabe obtenido constituía uno de los elementos de base de la alimentación india.

Pescadores, cazadores pero también labradores, los indios extraían de este inmenso bosque la materia prima indispensable para la fabricación de las armas y los utensilios domésticos, y para la edificación de las viviendas o las empalizadas que protegían el pueblo. Se quemaban los árboles por la base para abatirlos fácilmente; luego se talaba, vaciaba y pulía la madera mediante utensilios de piedra, hueso o concha. Para recuperar la corteza de los árboles, se llevaban a cabo operaciones de descasque: aplastada y cortada en placas, se utilizaba para cubrir las paredes y los techos de las casas colectivas o para fabricar canoas. Las fibras leñosas más largas y flexibles servían para la confección de ligaduras y redes. Al igual que sus hermanos del continente, los indios del Gran Bosque lograban sacar el mejor partido de su entorno.

Fueron estos hombres los que encontraron primero los franceses, y unos años más tarde, los ingleses. Unos hombres con plumas en la cabeza, y rostros y cuerpos pintados de colores llamativos. Su fantasía en este ámbito no conocía límites y las descripciones de los testigos ponían de manifiesto su asombro: «nariz pintada de azul... cejas y mejillas de negro... rayas rojas, azules y negras de la boca a las orejas... rostro completamente negro salvo la frente, el contorno de las orejas y la barbilla... una franja negra o roja de oreja a oreja... rostro mitad verde, mitad rojo». Las pinturas se combinaban con los tatuajes, con frecuencia practicados en los muchachos y las muchachas desde la pubertad. El tema del tatuaje solía ser una evocación del poder protector, animal o fuerza natural, desvelado en visiones o sueños. En ciertas tribus, como los neutrales del lago Erie, los tatuajes cubrían todo el cuerpo, formando una especie de delirio decorativo.

En esta vasta región (3.000 km de Este a Oeste y unos 2.000 km de Norte a Sur), la mayoría de tribus hablaban dialectos algonquinos. Las únicas excepciones eran los winebagos (siux), que vivían en las orillas del lago Michigán, y las naciones del grupo iroqués reagrupadas al este y sur del lago Ontario. Un último pueblo de lengua iroquesa, los tuscaroras, vivía en el litoral atlántico de la actual Carolina del Norte. ▲

El castor, abundante en todo el continente norteamericano, poblaba las marismas y las orillas de los lagos y ríos.

Los sauces, abedules, chopos y arces le proporcionaban el alimento y los materiales de construcción. Su pelaje fue objeto de un importante comercio con los europeos desde el principio del siglo XVII.

En nombre de la «Reina Virgen»

Según John White, 1590.

Los Secotanos

- «Donde está quemado», tal vez alusión a la técnica de roturación mediante el fuego de este pueblo de agricultores.
- Lengua: algonquino.
- Litoral de Carolina del Norte entre las bahías Albemarle y Pamlico.
- Agricultores (maíz, judías, calabaza...), cazadores y pescadores. Sus aldeas, cercanas al mar, estaban rodeadas de empalizadas: comprendían de diez a treinta grandes casas.
- Su vida fue descrita por John White, que acompañaba a Sir Raleigh. Como sus vecinos powhatanos, fueron absorbidos por la colonización europea (s. XVII). Las tribus machapungas, pamlicos y hatteras que vivieron en la región posteriormente parecen haber sido los descendientes de los secotanos.

Casa secotana.

Según John White, 1590.

De Norte a Sur, del territorio de los tuscaroras a la orilla del actual New Hampshire, las tribus algonquinas (secotanos, powhatanos, nanticokes, delawares, mohicanos, narragansets, wampanoags, massachusetts) que se repartían el litoral aprovechaban simultáneamente el bosque, una fértil llanura costera y el océano, con sus inagotables recursos de pescados, crustáceos y mariscos.

Esta costa fue el terreno de conquista de los ingleses. Sir Raleigh llegó a ella en 1548 y mandó a Arthur Barlow a explorar las tierras del interior; tomaron posesión de la región y la bautizaron Virginia en honor de su soberana Isabel I, la «Reina Virgen». Barlow, en su periplo, conoció a los indios: «Son hombres muy amables, hospitalarios, sin malicia ni disimulo. Parecen vivir en la edad de oro de su historia...». A pesar de estos afortunados presagios, los intentos sucesivos de asentamiento resultaron un fracaso. John White, al que Raleigh encargó que encontrara el rastro de los antiguos compañeros por las tribus vecinas, sólo pudo constatar su desaparición; dejó detrás de él una nueva colonia de ciento veintidós hombres en Roanoke.

Cuando Raleigh y John White regresaron en 1590, la colonia había desaparecido misteriosamente y nadie supo con certeza qué había sido de aquellos hombres. John White jamás volvió a ver a sus compañeros pero ha legado una serie de dibujos, testimonios de la vida de los indios secotanos y de la organización de sus aldeas.

En 1607, una nueva colonia de ciento cuarenta y cuatro ingleses se estableció en el territorio de los powhatanos. Tenían la consigna de «no ofender a los oriundos», pero su fanatismo religioso, su codicia y la brutalidad de sus métodos no tardaron en despertar la hostilidad en los indios. A pesar de la boda de John Smith, el jefe de la colonia, con Pocahontas, la hija del rey powhatano, en los años siguientes se sucederían sangrientos episodios y traiciones. La irresistible expansión de la colonia se hizo a costa de la fragmentación de la confederación powhatana y la desaparición de las tribus que la componían. ▲

Realizada según una acuarela de John White, esta ilustración da una idea de la organización de una aldea algonquina de la costa de Virginia a finales del siglo XVI.

A- Proximidad de un punto de agua.
B- Campo de maíz con vigía, en un cobertizo, para ahuyentar a los pájaros.
C- Viviendas colectivas cubiertas de esteras.
D- Cultivos de hortalizas.
E- Aldeanos comiendo.
F- Fuego cerca de un lugar de culto.
G- Danza ritual alrededor de postes con efigie humana.

Según Wencelaus Hollar, 1645.

Los Powhatanos

- Confederación de tribus reagrupadas bajo la autoridad de Wahunsonacock, jefe de los potomacs (tribus pamukey, pocomoke, rappahannock, nansemond, wicomi, mattaponi...). Los blancos los llamaron *powhatan* y este nombre pasó a designar a los indios de esta confederación.
- Lengua: algonquino.
- Litoral de Virginia y Maryland.
- Agricultores y cazadores.
- Fueron los primeros que sufrieron la invasión blanca. Entre 1607, fecha de la fundación de Jamestown, y 1675, sobrevino una sucesión ininterrumpida de treguas y masacres. En poco más o menos de sesenta años, las tribus powhatanas fueron reducidas a varias cuadrillas dispersas.
- Varios descendientes muy mezclados, en Virginia.

Según Peter Martensen Lindstrom, 1653.

«Abuelos y Pueblos del Este»

Ejemplo típico de estas comunidades algonquinas, los delawares constituían la nación más importante de la región. No era una estructura monolítica, sino un conjunto de linajes familiares, cada uno dirigido por un *sachem* designado por su sabiduría pero cuyo poder estaba limitado y sus decisiones sometidas al Consejo de los Ancianos. A su muerte, el sachem era sustituido por otro hombre, generalmente el pariente más próximo por las mujeres (el hijo de su hermana, por ejemplo), porque la sociedad delaware descansaba sobre un sistema de transmisión de bienes y poderes por descendencia femenina. Sin embargo, sólo los hombres asumían las responsabilidades económicas, religiosas o políticas.

Establecidos en la orilla de un río, los pueblos delawares se componían de construcciones de distinto tamaño: del *wigwam* familiar a la vasta casa colectiva. Los delawares veneraban al Gran Espíritu, conjunto de fuerzas que animaban la Naturaleza y que se dirigían a los hombres mediante los fenómenos naturales. Estas fuerzas estaban por todas partes, y se alojaban en cada ser y en cada cosa.

Los Delawares

- Del nombre del Lord de La Warr, gobernador de Virginia. Ellos se denominaban *Lenni-Lenapes*, los «verdaderos hombres» u «hombres entre hombres».
- Lengua: algonquino.
- Establecidos en los estados de Delaware, Nueva Jersey y al este de Pensilvania.
- Cazadores, pescadores y labradores. Considerados con respeto por las demás naciones algonquinas, por el hecho de su supremacía en la región (se los apodaba los «Abuelos»). Se dividían en tres clanes: *munsi* (el lobo), *unalachtigo* (el pavo) y *unami* (la tortuga).
- Tras unos inicios difíciles con los holandeses, el jefe delaware, Tammady, firmó con William Penn en 1683 un tratado que abrió una era de paz de más de 50 años. Pero los hijos de Penn despojaron a los delawares de sus mejores tierras en ocasión de la *Walking Purchase* (1737). Los indios partieron para los valles de Susquehanna y Ohio.
- Participaron en las últimas rebeliones en el Este bajo el mando de Little Turtle (1790) y Tecumseh (1812). Durante la guerra de Secesión, los delawares lucharon al lado de los nordistas.
- Existe una reserva en Oklahoma.

Las aves de agua abundaban en el noreste de los Estados Unidos, región rica en lagos y ríos, situada en el eje de las migraciones entre el norte de Canadá y el golfo de México. Entre otros, estos tres pájaros constituían blancos apreciados por los cazadores:

A- La oca canadiense
(Branta canadensis).

B- El lavanco
(Anas platyrhynchos).

C- El pato silvestre
(Aix sponsa).

Según un retrato destinado a John Winthrop, 1637.

LOS NARRAGANSETS

- «Hombres del pequeño punto» (de tierra).
- Lengua: algonquino.
- Rhode Island y Connecticut.
- Agricultores.
- Enemigos de los pequots, contribuyeron a su derrota y se convirtieron en la tribu más poderosa del norte de Nueva Inglaterra (1637). Resultaron a su vez el blanco de los puritanos. Involucrados en la guerra del rey Felipe, los narragansets fueron vencidos (1676) y desaparecieron.
- Quedaban 26 narragansets en 1900. Sus descendientes viven en Rhode Island.

LOS WAMPANOAGS

- «Pueblo del Este».
- Lengua: algonquino.
- Estado actual de Massachusetts.
- Labradores y pescadores.
- Massacoit, su jefe, socorrió a los pelegrinos del *Mayflower* en 1621. El asentamiento de los colonos se hizo en detrimento de otras tribus, como los pequots.
- Massacoit murió en 1662. Su hijo primogénito, Metacom, que los blancos apodaban el rey Felipe, le sucedió. En 1675 y 1676, dirigió una guerra sangrienta contra los colonos y sus aliados, los mohicanos. Fue matado en 1676 y su nación vencida. Los supervivientes fueron vendidos, la mayoría, como esclavos.

Según Cyrus Dallin.

Con frecuencia, los algonquinos se visitaban entre vecinos para intercambiar productos; estas transacciones daban lugar a una recepción amigable en la que daban muestras de confianza fumando juntos un largo rato.

También surgían enfrentamientos entre estas tribus, pero más por preservar la identidad y la libertad que por voluntad de conquista y dominación.

Si no los estropeaba una torpeza, los primeros contactos con los europeos fueron a menudo amistosos. ¿Sería por premeditación?, ¿por prudencia?, ¿o por el mero hecho de que estos pueblos eran hospitalarios por naturaleza? El ejemplo de Massacoit, jefe de los wampanoags, que salvó del desastre a los supervivientes del *Mayflower*, abogaría más bien por la última hipótesis. La continuación de la historia demostrará que la mayor agresividad no venía de los indios. ▲

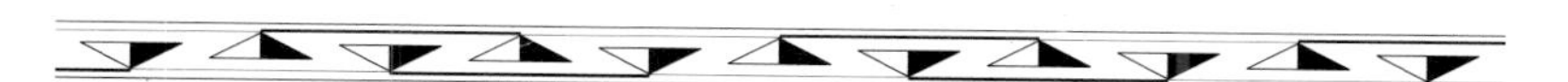

El jarabe de arce era un complemento alimentario importante para los indios y su cosecha, en primavera, constituía un acontecimiento de la vida tribal. Con una incisión en el tronco, la sabia fluía en los recipientes de corteza de abedul. Se llevaba luego a ebullición en grandes calderos.

ENTRE EL HUDSON Y EL SAN LORENZO

Según Kaulbach, principios del siglo XIX.

Más al norte, los micmacs, malecitas, abenakis y pennacooks vivían en el estado actual de Maine, región montañosa expuesta a los vientos fríos del Labrador y poco propicia a la agricultura. Seminómadas, su vivienda era precaria: cuatro árboles jóvenes reunidos en un manojo y cubiertos de corteza de abedul constituían el *wigwam* (corrupción de la palabra algonquina *wikiwhom*, vivienda de corteza). Estos indios se desplazaban según sus necesidades alimentarias en una naturaleza generosa a pesar del duro clima: peces de los lagos y ríos, ocas, patos y castores por doquier.

Su caza preferida era el alce, animal solitario pero presa de calidad que representaba una importante aportación de carne y pieles. Las técnicas de caza variaban según la estación: se usaban trampas de red o los perseguidores se acercaban a la presa, disimulados bajo pieles; además, en otoño, período de celo, el alce también era atraído al alcance de las flechas mediante un reclamo que imitaba el bramido amoroso. Todos los cazadores de alce del Gran Bosque y el Subártico empleaban este método. En invierno, el alce, al igual que el bisonte, se desplazaba con dificultad por la nieve profunda: un indio calzado con raquetas podía acercarse entonces y lanzarle una flecha a poca distancia. ▲

Caza del alce en invierno.

LOS MICMACS

- De *Migmak*: aliado.
- Lengua: algonquino.
- Actual Nuevo Brunswick e isla del Príncipe Eduardo.
- Cazadores seminómadas, aliados con los abenakis.
- Sin duda fueron vistos por Zuan Cabotto (John Cabot) cuando costeó el litoral en 1497. Al arribar Jacques Cartier al golfo de San Lorenzo en 1534, fueron a su encuentro con pieles como regalo de bienvenida... Pero los ahuyentó a cañonazos.
- Aliados con los franceses, retrasaron el asentamiento inglés en Nueva Escocia y Nuevo Brunswick, tras haber contribuido a la eliminación de los Beothuks de Terranova, en 1706.
- Los micmacs todavía viven en Nueva Escocia.

LOS ABENAKIS

- De *Wabanaki*: «Los de la tierra de Levante».
- Lengua: algonquino.
- Norte del estado actual de Maine.
- Cazadores y pescadores.
- Los abenakis, hombres de costumbres sencillas, valientes y temibles guerreros, formaban una confederación de tribus (penobscots, pennacooks...). Fueron cristianizados por los jesuitas a lo largo del siglo XVII.
- Aliados con los franceses, dirigieron una guerra intensa contra los ingleses. Estos últimos se vengaron masacrando a la comunidad fundada por el padre Sebastien Rôle en Norridgewock (1724).
- Debilitados por los combates y la varicela, los abenakis depusieron las armas en 1754. Sin embargo, setecientos lucharon con el bando de los americanos durante la guerra de Independencia.
- Viven descendientes en Quebec y Maine.

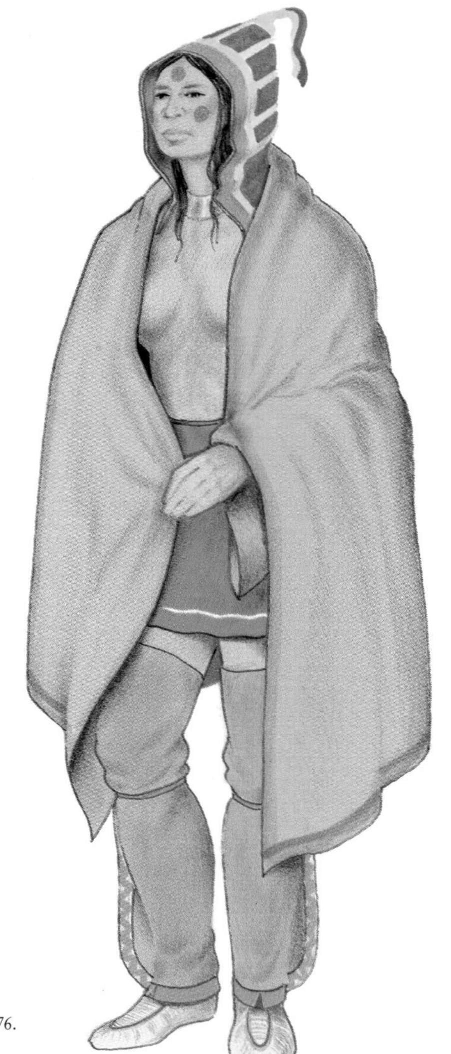

Según una acuarela, 1776.

Según la descripción de un colono holandés, principios del siglo XVIII.

LOS MAHICANOS

- Según ciertas interpretaciones, su nombre significa «los lobos». Otros se inclinan por «marea», con referencia al movimiento de las aguas del Hudson.
- Lengua: algonquino.
- Orillas del Hudson.
- Agricultores, pescadores y cazadores, su modo de vida se parecía al de los delawares y los mohicanos.
- En guerra contra los mohawks por el control de las pieles en el Hudson. Desde el principio del siglo XIX, la implantación inglesa los expulsó de sus tierras. Como la mayoría de algonquinos, tomaron el partido de los franceses y, luego, algunos combatieron bajo las órdenes del general La Fayette durante la guerra de Independencia.
- Reserva en Wisconsin.

El alce es el más grande de los cérvidos. Puede alcanzar el tamaño de un caballo y sus cuernos superan a veces 1,5 m de envergadura. Residente en los bosques, le gustan las zonas pantanosas y los bosquecillos frondosos. En verano, suele andar solitario en busca de alimento: hojas de sauce y plantas acuáticas. En invierno, se desplaza en pequeñas manadas y se contenta con ramitas y corteza de abedul.

SENECA

CAYUGA

ONONDAGA

La Liga de las Naciones

Según Benjamin West, 1759.

Los territorios de las cinco tribus de la liga de las naciones se disponían en abanico al sur del lago Ontario. Los senecas al oeste, luego sucesivamente los cayugas, los onondagas, los oneidas y, finalmente, los mohawks al este. Es la región de los Fingers Lakes, estos vestigios de la última glaciación, soberbias extensiones de agua encajadas en colinas arboladas y fértiles. ¿Serían los iroqueses los primeros ocupantes o vinieron como intrusos a instalarse en un mundo poblado de algonquinos? Si la primera hipótesis parece la más plausible para los arqueólogos, la segunda seduce a ciertos lingüistas que arguyen un posible parentesco entre el iroqués y el dialecto caddo de los pawnees de la llanura occidental.

Tras constantes enfrentamientos de estas cinco tribus hasta el siglo XV, un sabio llamado Deganawidah soñó poner fin a las luchas fratricidas y estériles que acarreaban la muerte de numerosos jóvenes guerreros. Un hombre, Hiawatha, salió a convencer a las tribus que unieran sus fuerzas en vez de combatir entre sí. En el siglo XVI, nació una confederación y, como la unión hacía también la fuerza de los iroqueses, no tardaron en afirmar su supremacía sobre todos sus vecinos, en particular sus hermanos de idioma, eries, neutrales y tabacos, que aniquilaron. Incluso los poderosos hurones cedieron ante sus golpes. Potencia dominante en una región estratégica, los iroqueses también intentaron controlar el comercio de las pieles, a partir de finales del siglo XVII. Su papel en la guerra franco-inglesa fue determinante.

Los iroqueses vivían en largas moradas que compartían varias familias de un mismo clan. La aldea, que reunía varias viviendas de este tipo, estaba protegida con una empalizada y se situaba en las cercanías de un río y sobre una eminencia. El entorno próximo se roturaba y cultivaba. Cada quince o veinte años, el pueblo se desplazaba tras el agotamiento de la naturaleza de la periferia.

Como en ciertas tribus algonquinas, por ejemplo los delawares, las mujeres iroquesas desempeñaban un papel preponderante en la comunidad –bajo la autoridad de una superiora, ostentaban todos los bienes, particularmente las grandes casas–. Aseguraban las cosechas de maíz, calabaza o habas y se encargaban de almacenar las reservas en silos cavados en la tierra y tapizados con hierbas y corteza. Se ocupaban de los niños y los viejos. El linaje por las mujeres permanecía como la base de la organización tribal.

ONEIDA

MOHAWK

TUSCARORA

Los Iroqueses

- Del término algonquino *Irinakhoiw* para llamar a los senecas: «verdaderas serpientes».
- Los iroqueses se designaban a sí mismos *hodinonhsioni*: «pueblo de la gran casa».
- La Liga de las cinco naciones reunía de Oeste a Este:

Los senecas: deformación por los holandeses e ingleses de su nombre *tsonondowaka*: «hombres de la montaña».

Los cayugas: «hombres de la orilla del agua» o de «la tierra cenagosa».

Los onondagas: *onontage*, «en la cima de la colina».

Los oneidas: *oneniute*, «hombres de la piedra erguida».

Los mohawks: «Los que comen hombres», que se llamaban a sí mismos *kaniengehaga*, «hombres del país del sílex».

- La Liga se convierte en una confederación de seis naciones en 1722, con la llegada de los tuscaroras («los que cosechan el cáñamo»).
- Lengua: iroqués.
- Establecidos en las orillas sur del lago Ontario.
- Agricultores, cazadores y guerreros sin igual. Veneraban un conjunto complejo de animales, plantas y fuerzas naturales.
- El Gran Consejo reunía a cincuenta sachems (8 senecas, 10 cayugas, 14 onondagas, 9 oneidas y 9 mohawks). De hecho, sólo asistían 8 mohawks, pues nadie ocupaba el lugar de Hiawatha, el inspirador de la Liga.
- Hasta finales del siglo XVIII, los iroqueses participaron en todos los conflictos. Aliados con los ingleses contra los franceses, sus acciones fueron determinantes. Bajo la dirección de Joseph Brant, permanecieron fieles a sus aliados contra los insurrectos americanos (sólo los oneidas optaron por la neutralidad). Sus pueblos fueron destruidos en 1779, al término de su derrota.
- Reagrupados en varias reservas del estado de Nueva York. También en Wisconsin (oneidas), Oklahoma (senecas) y Canadá.

Rompecabezas iroqués.

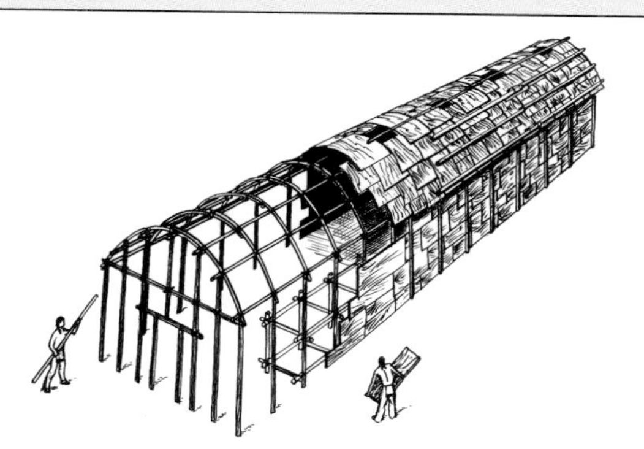

Construcción de una casa iroquesa.

Sólo ellas designaban a los jefes que representaban a la tribu en el Gran Consejo, la instancia suprema de la Liga. Los jefes se elegían entre los descendientes varones de las madres de los primeros jefes reunidos por Hiawatha. Las decisiones del Gran Consejo eran controladas por las mujeres, que no se privaban, a la sazón, de manifestar su desacuerdo o desautorizar a un jefe y sustituirlo.

Las ceremonias que marcaban la vida comunitaria estaban ligadas al ritmo de las estaciones y de las cosechas (fiestas de la manzana, del maíz, de las fresas, expresiones de agradecimiento a la tierra nutricia), sean fiestas de sociedades religiosas con ánimo de curar o de predecir el futuro. ▲

Según Langdon Kihn, final del siglo XVIII.

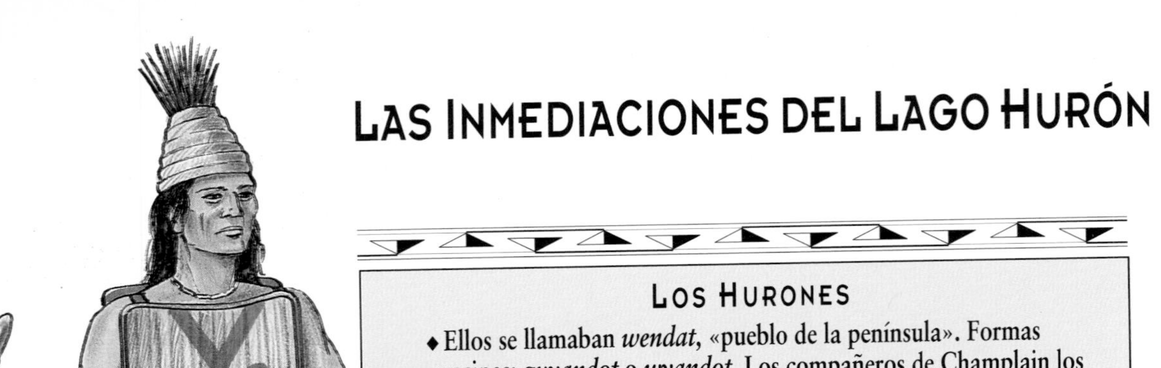

Las Inmediaciones del Lago Hurón

Los Hurones

- Ellos se llamaban *wendat*, «pueblo de la península». Formas vecinas: *guyandot* o *wyandot*. Los compañeros de Champlain los bautizaron hurones debido a su tocado en forma de cabeza de cerdo, *hure* en francés.
- Lengua: iroqués.
- Establecidos entre los lagos Hurón y Ontario.
- Labradores (trigo, habas, girasol), pescadores y cazadores.
- Pueblos instalados cerca de un lago o río. Casas alargadas de corteza de olmo.
- Divididos en cuatro clanes (rock, cord, bear y deer), estaban organizados en confederación. En parte convertidos al cristianismo por misioneros, los hurones se aliaron con los franceses. Sus enemigos iroqueses tomaron este pretexto para aniquilarlos en 1648.
- Actualmente viven descendientes en la reserva Wyandot (Oklahoma). Existe otra comunidad en Lorette (Quebec).

Según un grabado, 1847.

Según Samuel Champlain, 1615.

La región limitada por los lagos Ontario, Erie, Hurón y Simcoe era un enclave fértil irrigado por numerosos ríos y albuferas. Ahí se extendía el territorio de las otras naciones de lengua iroquesa, la más importante de las cuales era la tribu wendat (hurón). Las analogías con las de la Liga eran numerosas: mismo hábitat, mismos cultivos y misma organización tribal.

Cuando Samuel Champlain los conoció en 1609, los hurones vieron en la alianza con los franceses el modo de oponerse a la amenaza que la confederación iroquesa hacía gravitar sobre la región, y la posibilidad de asegurarse el puesto de intermediarios en el comercio de las pieles. Su fidelidad a esta alianza les conduciría al declive.

Champlain, que convivió varios meses con los hurones, realizó numerosos bosquejos y observaciones sobre su vida. Anotó que este pueblo practicaba una técnica de caza que le recordaba el «bello país de Francia». Los ojeadores avanzaban ruidosamente por el bosque llevando los animales hacia unos cercados en los que eran abatidos fácilmente. A Champlain le impresionaron los ritos hurones en ocasión de la fiesta de los Muertos, que tenía lugar cada diez o doce años. Los ataúdes de corteza, colocados sobre una plataforma a tres o cuatro metros del suelo, se abrían: se separaba la carne de los huesos y se quemaba. Los huesos se lavaban, se envolvían en pieles de castor y se transportaban al pueblo donde tenía lugar la ceremonia. Tras un festín y danzas, los huesos se arrojaban a una fosa, formando una gran mezcla anónima. Era para los hurones la condición necesaria para que las almas de los difuntos pudieran partir, por la Vía Láctea, para el reino de los muertos en el que hombres y mujeres podían reanudar sus actividades tradicionales: caza, pesca y agricultura.

Para celebrar un acontecimiento o concluir los términos de un tratado, los indios algonquinos e iroqueses realizaban wampum (contracción del algonquino wampum), composición de fragmentos de conchas cilíndricas ensartadas como las perlas de un collar y juntadas en forma de faja o cinturón. Se les atribuía un gran valor y virtudes sosegadoras para los rituales del luto y el pésame. También servían de moneda de intercambio entre tribus y colonos.

Según Sir Joshua Jebb, 1815.

LOS OTTAWAS

- Del algonquino *adawe*, «comerciar».
- Lengua: algonquino.
- Orillas de la bahía Georgiana e isla Manitulin al norte del lago Hurón.
- Actividades tradicionales de los algonquinos de los Grandes Lagos. Los ottawas hacían de intermediarios entre el Este y el Oeste.
- Repelidos por los iroqueses al norte del lago Michigán, fueron aliados incondicionales de los franceses. Después del tratado de París (1763), su jefe Pontiac rechazó la hegemonía inglesa y continuó la lucha.
- Los ottawas formaron parte de la federación de las Naciones Indias Unidas de Joseph Brant, hostil a la expansión americana. Pero cedieron sus tierras al gobierno federal mediante sucesivos tratados (1785, 1789, 1795, 1836).
- Existe todavía una reserva en Oklahoma y hay muchos ottawas establecidos en Michigán y Ontario.

Vecinas de los hurones y sus aliadas contra el enemigo común iroqués, vivían otras naciones: al Norte los algonquinos (que dieron su nombre a la familia lingüística) y los ottawas de la orilla de la bahía Georgiana compartían un mismo modo de vida de labradores, pescadores y cazadores. Todos estos pueblos llevaban una vida seminómada en invierno. A la caza de presas, se desplazaban en un perímetro de cincuenta a cien kilómetros alrededor de la aldea principal. Ahí regresaban con el buen tiempo para pasar los días tranquilamente: las mujeres se ocupaban de los campos y los hombres cazaban animales menores en el bosque vecino. Para todos, la pesca proporcionaba un complemento alimentario importante. Las canoas en corteza de abedul constituían un vehículo indispensable para explorar lagos y ríos. ▲

LOS ALGONQUINOS

- Nombre derivado del dialecto malecita. *Elakomkwik* significa: «Son nuestros aliados». Otra interpretación atribuye el origen del nombre a la lengua micmac: *algoomeaking*, «arponean los peces». Champlain los llamó *Algoumequin* y los iroqueses *adirondacks*, «los que comen árboles».
- Lengua algonquina, a la que han dado su nombre.
- Ocupaban el norte del San Lorenzo, del lago Hurón al este de Montreal y las dos orillas del río Ottawa.
- Vivían en colectivos de varios cientos de personas, divididos en grupos de caza. También eran pescadores y labradores. Vivían en grandes casas de madera cubiertas de corteza de abedul.
- Fieles aliados de los franceses desde su encuentro con Champlain (1603). Estuvieron permanentemente en guerra con los iroqueses.
- De 4 a 5.000 algonquinos viven al este del Ontario y oeste de Quebec.

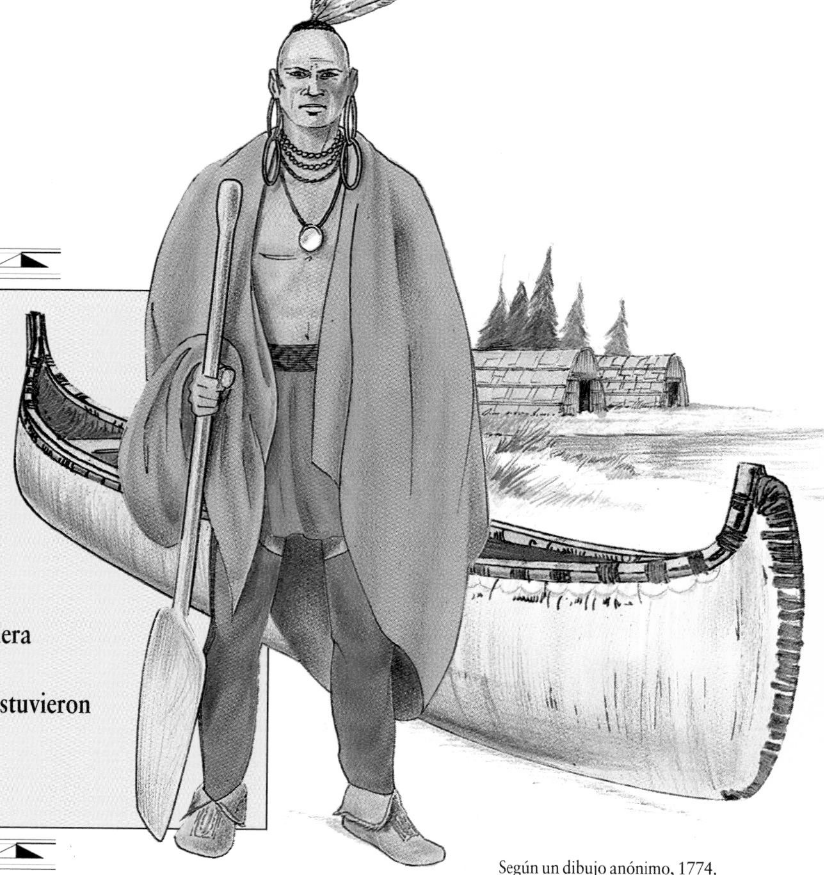

Según un dibujo anónimo, 1774.

Con los «Hombres del Arroz Salvaje»

Seminómadas ellos también, los ojibwas ocupaban la orilla norte del lago Superior y aprovechaban simultáneamente las riquezas del agua y del bosque. Cerca de la bahía Green, al noroeste del lago Michigán, los menominis constituían una excepción. Más sedentarios que sus vecinos, su vida se organizaba alrededor de la pesca del esturión y la cosecha de arroz salvaje. Esta gramínácea crecía en abundancia en las aguas cenagosas de los ríos y lagos. La cosecha se hacía en canoa, al final del verano. Un hombre conducía la embarcación y dos mujeres, agarrando al pasar brazadas de talles, dejaban caer los granos al fondo de la canoa.

Los menominis cosechaban más arroz del que consumían. Lo empleaban como moneda de intercambio con los winebagos, sus vecinos más próximos, con quienes, a pesar de la diferencia de lengua, tenían relaciones cordiales.

A cambio del arroz de los menominis, los winebagos, que eran hábiles labradores, proponían el excedente de sus cosechas: maíz, tabaco... También trocaban pieles de bisonte: seminómadas, abandonaban la aldea principal en verano para cazar los bisontes en las grandes llanuras. La alianza de los menominis y los winebagos también suponía un medio de contener, al suroeste, los sauks y los foxs, conocidos por su agresividad. ▲

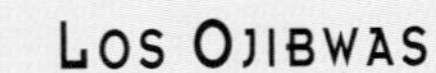

Los Ojibwas

- Llamados también chipewas. Ellos mismos se designaban *an-ish-in-aub-ag*, «hombres espontáneos». Para los crees, eran «los que hablan la misma lengua»; para los hurones, los «hombres de las cascadas»; y para los franceses los *salteaux* (alusión a las cascadas de Sault-Sainte-Marie).
- Lengua: algonquino.
- Como los crees, los ojibwas se dividían en tribus de las llanuras y tribus de los bosques; las últimas ocupaban la orilla norte del lago Superior.
- Cazadores nómadas, también reputados como pescadores y constructores de canoas. Sus refugios en corteza de abedul eran obra de las mujeres.
- Participaron activamente en el comercio de pieles. Aliados con los ottawas y potawatomis, particularmente contra los foxs. Lucharon al lado de los ingleses contra los insurrectos americanos y participaron en las rebeliones de Little Turtle (1790) y Tecumseh (1812).
- Estimada en 30.000 individuos en 1905, la población ojibwa vive alrededor de la frontera americano-canadiense, la mitad en reservas. Actualmente superaría a las 75.000 almas.

Según Peter Rindisbascher, 1821.

Tipi ojibwa.

Cosecha de arroz salvaje.

La planta acuática así designada es la Zizania aquatica. *Prolifera en las aguas estancadas en los bordes de los lagos Superior y Michigán. Para los indios de la región, los granos de esta planta constituían un recurso alimentario esencial. La cosecha se hacía con canoa al final del verano. En el curso de la operación, gran parte de los granos caían al agua, asegurando así una futura germinación. La cosecha se dejaba secar al sol y el viento se encargaba del cribado. El arroz salvaje se consumía hervido con jarabe de arce.*

LOS WINEBAGOS

♦Del algonquino *Winipyagohagi*, «pueblo del agua turbia». Ellos se llamaban *hochangara*, «pueblo de la palabra verdadera», alusión a su convicción de constituir una de las tribus madres de los siux.

♦Lengua: siux.

♦Norte de la orilla occidental del lago Michigán (península Door y bahía Green).

♦Cazadores de bisontes, cultivaban maíz, tabaco, habas y calabaza. Muy hospitalarios, semejaban a los dakotas en costumbres y creencias.

♦Aliados con los franceses, luego los ingleses, los winebagos se opusieron a los americanos hasta el final de la rebelión de Black Hawk (1832). Fueron diezmados por las epidemias.

♦Reserva winebago en Nebraska, compartida con los omahas.

Según George Catlin, 1835.

Según George Catlin, 1831.

LOS MENOMINIS

♦Su nombre completo, *menominiwoks*, significaba «hombres del arroz salvaje».

♦Lengua: algonquino.

♦Territorio situado entre los lagos Michigán y Superior.

♦Pacíficos y sedentarios, se aliaron con los winebagos, a pesar de la diferencia de idioma, para contener a los peligrosos vecinos sauks y foxs.

♦Pescadores en las aguas de los Grandes Lagos, recogían el arroz salvaje y cosechaban el azúcar de arce. Las mujeres tenían la reputación de ser grandes tejedoras. Mediante fibras vegetales o de pelos de bisonte, confeccionaban sacos y cintas.

♦El explorador Jean Nicollet los conoció en 1634. Los menominis participaron en la rebelión de Pontiac (1763) y luego permanecieron al margen de los conflictos.

♦Actualmente quedan varios descendientes en la región de los Lagos.

TIERRA AMARILLA Y ZORROS ROJOS

LOS FOXS

◆ Nombre dado por los blancos con referencia a uno de sus clanes, Red Fox, el «zorro rojo». Su nombre *Meshkwaking* significaba «pueblo de la tierra roja».

◆ Lengua: algonquino.

◆ Instalados en el este del lago Michigán, al sur del territorio sauk. Seminómadas, labradores y cazadores de bisontes. Famosos por su extrema agresividad, mantenían luchas permanentes contra los ojibwas.

◆ En contacto con los europeos a partir de 1660, tomaron partido a favor de los ingleses contra los franceses que intentaban comerciar con sus enemigos siux. A punto de extinguirse, se fusionaron con los vecinos sauks, con los que compartieron todas las empresas, salvo la rebelión de Black Hawk en 1832.

◆ Reservas en Oklahoma (con los sauks) y en Iowa.

Según Charles Bird King, 1837.

Según George Catlin, 1835.

LOS SAUKS

◆ Abreviatura de su nombre que significa «pueblo de la tierra amarilla». Los jesuitas los mencionan en 1640 bajo el nombre hurón *hvattoghronon*, que significa «pueblo de poniente».

◆ Lengua: algonquino.

◆ Oeste del lago Michigán, al este del estado actual de Wisconsin.

◆ Labradores y cazadores de bisontes, seminómadas como sus aliados foxs. Tenían fama de ser de los más belicosos de la región de los Grandes Lagos.

◆ Sucesivamente adversarios de los franceses, ingleses y americanos, intervinieron en las rebeliones de Pontiac en 1763 y de Tecumseh, entre 1801 y 1814. Los sauks firmaron en 1815 un tratado que ratificaba la pérdida de sus tierras. Rebelión final, condenada al fracaso, bajo la dirección de su jefe Black Hawk («Águila negra») en 1832.

◆ Sus descendientes viven en reservas de Oklahoma (con los foxs) y en Iowa.

Refugio de invierno de los sauks.

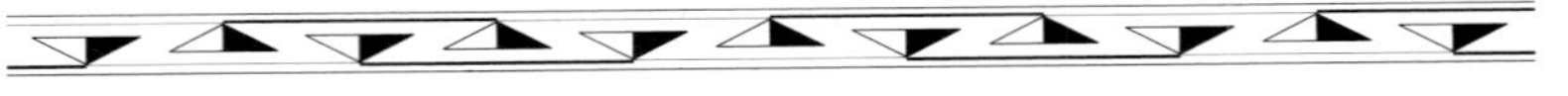

Más al Sur, los sauks, foxs y kickapoos que ocupaban el actual Wisconsin eran seminómadas que conjugaban la agricultura y la caza del bisonte. Todos eran combatientes temibles pero los sauks y foxs, en perpetuo conflicto con los ojibwas, manifestaban un gusto inmoderado por la guerra. No se trataba de batallas ordenadas a la europea, sino escaramuzas entre varios valientes deseosos de lavar una afrenta o demostrar su gallardía. Los regresos de combates victoriosos daban lugar a ceremonias rituales como la *Misekwe*, la danza de la cabellera. Se presentaban las cabelleras al jefe del clan. En cuanto estaban reunidos los trofeos, la danza comenzaba y cada combatiente narraba su acción. No se toleraba ninguna exageración so pena de atraer el menosprecio de los demás combatientes. Una hazaña fuera de lo común –atravesar un grupo de enemigos y alcanzar a un jefe con la mano o un arma– podía justificar la atribución a su autor de un nuevo nombre relacionado con su acción guerrera.

Otras ceremonias marcaban la vida de las tribus de los Grandes Lagos. En el siglo XVII apareció la *Midewiwin*, sociedad de Gran Medicina. Se consideraba que sus ritos engendraban fuerzas capaces de vencer la enfermedad y asegurar un viaje apacible hacia el más allá a todos los que se adherían. En el curso de una ceremonia de iniciación, los miembros de la sociedad arrojaban sobre los postulantes conchas sagradas contenidas en un saco-medicina de piel de nutria. El que era alcanzado pensaba que la concha «penetraba» en él y lo mataba. Caía al suelo como un muerto... para, luego, al actuar la magia, volver a levantarse al alba de una nueva vida. ▲

LOS POTAWATOMIS

- Literalmente, «hombres del lugar del fuego». Se les conocía como la nación del fuego.
- Lengua: algonquino.
- Ocupaban la orilla oriental del lago Michigán.
- Cazadores y pescadores seminómadas. Practicaban la pesca de noche, instalando fuegos en la proa de sus embarcaciones.
- Aliados con los franceses contra los ingleses, participaron luego en la rebelión de Pontiac (1763). Instalados en Indiana, los potawatomis se opusieron a la colonización americana. Expulsados en 1846, se instalan en Kansas y chocan con los pawnees.
- Sus descendientes ocupan reservas en Oklahoma y Kansas. Algunos han regresado al sur de los Grandes Lagos.

Según Paul Kane, 1845.

LOS KICKAPOOS

- De *kiwegapan*, que significa «está por ahí». Los indios de las llanuras los llamaban «los que comen ciervos» y los hurones *ontarahronon*, «pueblo del lago».
- Lengua: algonquino.
- Instalados en el sur de la orilla occidental del lago Michigán.
- Temibles guerreros, tenían la reputación de ser «guapos, orgullosos y muy independientes».
- Marquette y Joliet los conocieron en 1672. Los kickapoos intervinieron en la rebelión de Pontiac (1763), la victoria de la Maumee con los americanos (1790) y la rebelión de Tecumseh. Tomaron parte importante en la rebelión de Black Hawk (1832). Exiliados al Sur, se instalaron en Texas con los delawares y los cheroquis. Aliados con los mexicanos en su intento de reconquista de Texas (1839). Una parte de kickapoos se exilió en México para proteger la frontera de las incursiones apaches y comanches.
- Reserva para los kickapoos «mexicanos» en Oklahoma, así como en Kansas.

Según August Schoeft, 1865.

Algonquinos del Sur

Según George Catlin, 1830.

Los Miamis

- Del algonquino-chipewa *Omaugeg*, «hombres de la península». Los blancos los llamaban Twight Wees, de su nombre *twah twah*.
- Lengua: algonquino.
- Seminómadas, agricultores y cazadores de bisontes. Originarios de Wisconsin, ocuparon el norte de Indiana e Illinois. Constituidos en tribus más o menos autónomas (weas, piankashaws...).
- Tras la partida de sus aliados franceses, siguieron las iniciativas de Joseph Brant, Tecumseh y Little Turtle («Pequeña tortuga», él mismo un miami) para la resistencia y la lucha contra el despojo de sus tierras.
- Sus descendientes ocupan una reserva en Oklahoma con los peorias.

Según Gwillim Simloe, 1790.

Caza del bisonte.

Al sur del lago Michigán, en los estados actuales de Indiana e Ilinois, vivían otras tribus de lengua algonquina. Los miamis e illinois eran pueblos seminómadas que practicaban la agricultura y la caza del bisonte, como sus vecinos del Norte.

Al sur de la región del Gran Bosque, ocupando el rico valle de Ohio, los shawnees eran, sobre todo, agricultores. Tenían buenas relaciones con los delawares al Este y los creeks al Sur.

Tras haber optado, como las demás tribus algonquinas, por la alianza con Francia, los shawnees se vieron mezclados en guerras incesantes que ensangrentaron el Este americano. A través del valle de Ohio, refluyeron los indios del litoral atlántico ahuyentados por el asentamiento de los colonos ingleses, y luego, desde principios del siglo XIX, por este mismo valle, los blancos comenzaron un avance hacia la región del Misisipí... Esta segunda ola obligó a los shawnees a abandonar, como sus hermanos, sus tierras y huir hacia el Oeste, hacia el exilio y el declive. ▲

LOS ILLINOIS

◆ Deformación francesa de su nombre indio *Iliniwek*, «hombre».

◆ Lengua: algonquino.

◆ Norte del estado actual de Illinois (al que han dado el nombre).

Cazadores de bisontes y seminómadas, formaban una confederación de tribus: peorias, kaskaskias, tamaroas, cahokias, michigameas, moingwenas...

◆ Aliados con los franceses, fueron aplastados por los iroqueses en 1684. El gran jefe ottawa Pontiac fue matado por uno de ellos en 1769. Como represalia, los kickapoos lanzaron una campaña de exterminación: sólo quedarán varios cientos de supervivientes illinois.

◆ Tras la venta de sus tierras, se exiliaron en Kansas. En 1854, un tratado reagrupó en una reserva de Oklahoma a los peorias, kaskaskias y las tribus miamis, weas y piankashaws.

Según George Catlin, 1830.

Según Joseph Wabin, 1796.

LOS SHAWNEES

◆ Del algonquino *shawun*, «el sur».

◆ Lengua: algonquino.

◆ Vivían en el valle de Ohio y luego, a finales del siglo XVII, emigraron en dos direcciones. Unos a Pensilvania, cerca de sus aliados delawares, y otros hacia Georgia y Alabama, donde serán conocidos con el nombre de sawagonis.

◆ Agricultores sedentarios y cazadores. Sus campos y vergeles estaban vallados, sus pueblos bien organizados. Los shawnees eran conocidos por su coraje, alegría y sensatez.

◆ Lucharon con tenacidad contra los ingleses y luego los colonos americanos. Su jefe Tecumseh infligió una derrota a los americanos en la batalla de Wabash, el 4 de noviembre de 1791. Pero, bajo la dirección del general Wayne, éstos tomaron su revancha en Fallen Timbers. A pesar de las profecías de Tenskwatawa, hermano de Tecumseh, los shawnees fueron definitivamente vencidos en 1813. Veinte años más tarde, fueron deportados más allá del Misisipí.

◆ Sus descendientes viven en una reserva de Oklahoma.

Las Grandes Llanuras

Los Hombres del Bisonte

La región de las Llanuras es un territorio muy vasto que une la parte meridional de los actuales estados canadienses de Alberta, Saskatchewan y Manitoba a la zona costera del golfo de México. Está limitada al este por el valle del Misisipí y al oeste por las montañas Rocosas, es decir cinco veces la superficie de la Península Ibérica. En esta inmensa extensión, el clima presentaba distintas variaciones tanto debido a la diferencia de latitudes como a la diferencia de higrometría: los valles del Misuri, Platte, Arkansas, el río Rojo, que alternaban con las zonas áridas de Dakota del Sur, Wyoming, Colorado o Texas.

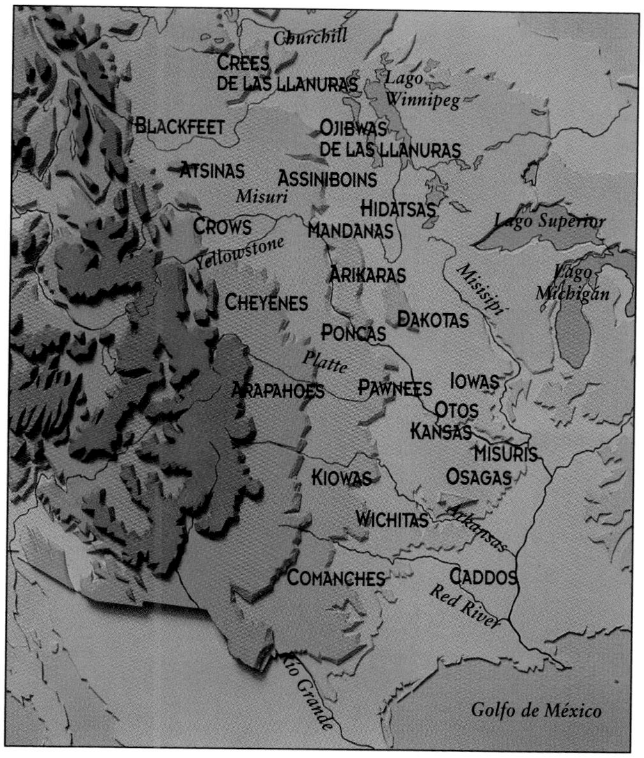

Un animal unificaba esta región, el bisonte, cuya manada (de 25 a 30 millones de cabezas a principios del siglo XIX según las estimaciones de los contemporáneos) seguía año tras año su ronda inmutable: emigración hacia el oeste y el norte en primavera y hacia el este y el sur en otoño. Los indios perseguían esta inagotable fuente de alimentos a través de la Gran Llanura, mucho antes de la llegada de los blancos, el caballo y las armas de fuego.

Una especie próxima al bisonte, los «cuernos largos», era ya cazada por los hombres 8.500 años a. de J.C., como lo atestigua un emplazamiento descubierto cerca de Kit Carson en Colorado. Se tendían trampas a los animales siguiendo una técnica sencilla y eficaz: agitando armas y antorchas ardiendo, los cazadores asustaban a una manada y la dirigían hacia una fosa natural o al borde de un precipicio. Las bestias se despeñaban unas sobre otras, antes de ser rematadas con lanza. A lo largo de los milenios, los «cuernos largos» desaparecieron y los bisontes hallaron en los vastos pastos de la Pradera unas condiciones de vida ideales. Otras numerosas especies compartían su hábitat: antílopes americanos, ciervos, osos y toda clase de caza menor de pluma y pelo. En el siglo XIII, los hombres que ocupaban este inmenso terreno sufrieron un período de gran sequía y tuvieron que huir hacia zonas más hospitalarias. En cuanto las condiciones climáticas se normalizaron, hacia 1400, llegaron pueblos de lenguas distintas, de los cuatro puntos cardinales: algonquinos procedentes del Subártico y la zona de los Grandes Lagos, siux del Gran Bosque, atapascos del Norte, tribus de lenguas shoshones y kiowas del oeste y otras de lengua caddo de las regiones meridionales.

A partir de entonces, la mayoría de estos pueblos adoptaron un modo de vida idéntico: nomadismo de la tribu y persecución permanente de los animales... La caza se convirtió en la actividad primordial: para la búsqueda de alimento, por supuesto, pero también para procurarse materiales indispensables para la vida comunitaria –pieles y cuero, cuerno y hueso, nervios y grasa–. Para los jóvenes indios, una buena ocasión de perfeccionar la construcción y utilización de las armas, fomentar su resistencia y avivar el coraje; tentación también de transformar el cazador en guerrero y de hacer de él «un valiente», este temible adversario que se alzaría de forma memorable ante el invasor. ▲

Principal ocupante de la Gran Llanura, el bisonte (Bison americanus) *o búfalo estuvo amenazado de extinción y sólo contaba con un millar de cabezas en 1900. Protegido a partir de entonces, un ganado de aproximadamente 30.000 animales vive en libertad en los parques nacionales (Wood Buffalo Park en Canadá y Yellowstone en EE.UU.).*

Según una fotografía, 1860.

Según George Catlin, 1832.

Según una fotografía, 1860.

Los Pies Negros

- Nombre que proviene del color de sus mocasines teñidos de negro (Blackfoot = Pie negro). En su lengua, *siksika.*
- Lengua: algonquino.
- Oriundos de Saskatchewan, ocupaban el norte de Montana y el sur de Alberta, Canadá.
- Estaban subdivididos en tres grupos de norte a sur:

los siksikas, los kainahs (de *ahkainah,* «numerosos jefes») llamados también *Blood Indians* (indios de sangre) debido a su pintura facial, y los piegans (de *pikuni,* «vestidos con ropa mala»).

- Guerreros muy agresivos, los pies negros constituían un pueblo dominador organizado en numerosas «sociedades» religiosas o guerreras (como la sociedad *Ikunuhkahtsi,* «todos compañeros»). Se dividían en pequeñas cuadrillas nómadas para cazar y se reunían al final del verano. Los atsinas estaban bajo su protección.
- En lucha constante con los kutenais, flatheads y sus vecinos siux (crows, assiniboins), fueron acérrimos adversarios de los tramperos. Su poderío se debilitó a partir de la epidemia de la viruela que los afectó en 1836.
- Población estimada en 15.000 en 1780; 10.000 aproximadamente en nuestros días (la mitad en reservas).

La destreza y la valentía de los indios de las Llanuras se ponían duramente a prueba con la caza del bisonte. Fuera de la temporada de las grandes concentraciones de animales, los cazadores procedían en pequeños grupos: progresando a cuatro patas, disimulados bajo pieles de lobo, se acercaban a la presa. Ésta, dotada de un agudo olfato pero con muy mala vista, estaba acostumbrada a la compañía de los coyotes y lobos, predadores naturales que eliminaban débiles y enfermos. La técnica de los cazadores consistía en acercarse al máximo para disparar las flechas a tiro hecho. Pero, si sobrepasaban un límite razonable, podían desencadenar la carga de un macho... En tal caso, lo único que podía hacer el cazador incauto era procurar no temblar y dar en el blanco. Un método más prudente era acercarse embadurnado con grasa animal y escondido debajo de pieles de bisonte. El riesgo era menor y se podía apuntar a boca de jarro al codillo para alcanzar el corazón. En invierno, tal que los alces del Gran Bosque y el Subártico, los bisontes, debido a su peso, se desplazaban con mucha dificultad por la nieve profunda: raramente escapaban entonces de los golpes de los cazadores equipados con raquetas.

Para los indios, el ojeo de bisontes estaba «abierto» durante todo el año, pero en verano tenían lugar las grandes batidas colectivas. Las tribus empleaban la técnica ancestral del ojeo hacia un río o una depresión natural como para los «cuernos largos» (los siksikas todavía utilizaban un emplazamiento en Alberta a mediados del siglo XIX). Tras haber definido la estrategia con precisión, la buena ejecución y el logro de la empresa dependían de la disciplina de cada uno. Cualquier iniciativa personal tomada por algún jovenzuelo, deseoso de demostrar su gallardía, era severamente castigada; porque una manada alertada prematuramente podía escapar y privar a la colectividad de

PIES NEGROS Y BARRIGUDOS

LOS ATSINAS

◆ De *atsena,* término *blackfoot* que significaba «hombres de la barriga». Se referían a sí mismos como *haaninn* o *aaninena,* «hombres del barro blanco». Tribu procedente de los arapahoes, que les llamaban *hitunewa,* «mendigos». Para los franceses, eran los barrigudos (de las Llanuras), origen de la confusión con los hidatsas, conocidos como los barrigudos del Río.

◆ Lengua: algonquino.

◆ Oriundos de Manitoba, ocuparon el norte de Montana, en las inmediaciones del Misuri.

◆ Cazadores nómadas.

◆ Por las mismas razones que los pies negros, se opusieron firmemente a los tramperos y rivalizaron intensamente con los siux (crows, dakotas, assiniboins) hasta 1867, año en que se aliaron con los crows contra sus protectores pies negros, y fueron derrotados severamente.

◆ 3.000 en 1780. Unos mil actualmente, en una reserva de Montana (Fort Belknap) que comparten con los assiniboins.

los recursos esperados. Efectivamente, no se podía cazar más allá de los límites del territorio de la tribu sin correr el riesgo de provocar un conflicto. Con el fin de ahuyentar el hambre y reconstituir las reservas para el invierno, el período de caza se inauguraba con ceremonias rituales, rezos y purificaciones para obtener la benevolencia y la protección de los espíritus, como la danza del Bisonte.

Según una fotografía, 1870.

Con la llegada de los europeos, los indios de las Llanuras hicieron dos adquisiciones que transformarían por completo sus técnicas de caza: el caballo y, luego, las armas de fuego. Con el primero, los cazadores ya no tuvieron que obrar con astucia para acercarse a las manadas. Galopando al lado de los bisontes, disparaban lluvias de flechas; con un fusil en mano, todavía fueron más eficaces. Por desgracia, ya no eran los únicos que cazaban y, en varios decenios, la inmensa manada salvaje fue exterminada. ▲

Caza tradicional del bisonte.

Alrededor de los Cheyenes

Los Cheyenes

◆ Del dakota *Sha Hi'yena*, «pueblo de una lengua extranjera». Su propio nombre era *dzitsi'stas,* «nuestro pueblo». Por simplificación fonética, los franceses los llamaron los «Perros». Para otras tribus indias eran «los hombres de la cara señalada» (arapahoes) o «las flechas rayadas» (shoshones y comanches).

◆ Lengua: algonquino.

◆ Venidos del sur de los Grandes Lagos a finales del siglo XVII, se instalaron en Dakota del Sur (región de las Black Hills).

◆ Cazadores de bisontes y gamos, los cheyenes eran respetados por su gran estatura, su inteligencia y su indomable valentía.

◆ El cólera los asoló duramente en 1849. Dirigieron una guerra intensa contra los blancos de 1860 a 1878, marcada por la matanza de Sand Creek (1864), en la que 300 mujeres y niños cheyenes fueron asesinados. Custer los derrotó en Washita (1868). Aliados con los siux oglalas, hunkpapas y santees, los cheyenes se vengaron en Little Bighorn (25 de junio 1876).

◆ Una reserva en Montana y una en Oklahoma con los arapahoes. Población estimada en unos 3.000 en 1780. Hoy en día podrían ser de 5 a 6.000.

Según un grabado anónimo, 1840.

Según una fotografía, finales siglo XIX.

Para estas comunidades nómadas, los bisontes proporcionaban la alimentación y todos los materiales necesarios para la vida cotidiana. Los machos pesaban más de una tonelada y las hembras de 650 a 800 kilos. La carne podía tomarse fresca o seca (*jerky*). Se preparaba el *pemmican* con esta carne seca, reducida en polvo y mezclada con grasa, tuétano y bayas. Acondicionado en forma de salchichas (vejiga o intestino de bisonte), el pemmican se conservaba durante años y constituía una reserva alimentaria particularmente energética.

Los indios llegaban a aprovechar toda la armazón del animal:

■ con la piel, fabricaban escudos (las partes más espesas como la cruz) y confeccionaban ropa, mocasines o mantas con el cuero más fino. Los otros pedazos, unidos, servían para cubrir los tipis.
■ con los huesos, según la forma y el grosor, fabricaban palas (omoplatos), mangos de tomahawk o arcos de canoa (costillas), recipientes (cráneos) y varios utensilios (raspadores, leznas...). Rompían los más gruesos y recogían el tuétano que contenían para la preparación del pemmican; las esquirlas pequeñas se usaban de puntas de flecha.
■ con los cuernos, se adornaban los tocados de los chamanes o de los guerreros más valientes. También servían para fabricar ciertos arcos o para almacenar hierbas.

Ninguna parte del animal se olvidaba, cada una respondía a una necesidad: los dientes (pequeños utensilios), el seso (para suavizar las pieles), las pezuñas (hervidas formaban uno de los ingredientes de una cola que endurecía los escudos), la vejiga (pemmican), los intestinos (cuerdas de los arcos), la cola (espantamoscas), incluso la boñiga del bisonte se empleaba como combustible.
La pradera era una región abundante en caza y otros dos blancos destacados se ofrecían a las flechas de los indios: el ciervo de Virginia y el antílope americano. Este último era tan desconfiado como rápido... pero la envergadura de su manada, superior en número que la de los bisontes, dejaba alguna que otra oportunidad a los cazadores. ▲

Según George Catlin, 1845.

Pueblos algonquinos del Subártico y del Gran Bosque, los crees y los ojibwas ocupaban territorios que lindaban con las Grandes Llanuras; cuadrillas de estas dos tribus adoptaron progresivamente la cultura de las llanuras consagrándose a la caza del bisonte. Se les distingue por los términos de crees de las Llanuras y ojibwas de las Llanuras.

LOS CREES DE LAS LLANURAS

♦ Aliados con los assiniboins contra sus enemigos en común, los siksikas y dakotas. Algunos participaron con su jefe Poundmaker, Bigbear y los assiniboins en la rebelión de los Bosques Quemados (1885) que habían establecido un gobierno provisional en Saskatchewan.

♦ Población estimada en aprox. 4.000 a mediados del siglo XIX; sus descendientes se han juntado con los crees de los Bosques (véase p. 88) en su reserva o se han mezclado con otras tribus.

LOS OJIBWAS DE LAS LLANURAS

♦ Culturalmente separados de sus hermanos de los Bosques (véase p. 26) desde principios del s. XVIII, los ojibwas de los Bosques estaban aliados con los crees y los assiniboins.

♦ Estimada en 1.500 en 1850, es imposible evaluar su población hoy en día.

Según George Catlin, 1845.

El antílope americano, capaz de alcanzar una velocidad máxima de 60 km/h y de saltos de más de seis metros, es el animal más rápido del continente. Abundante pero difícil de cazar, era una fuente de alimento de primordial importancia para los indios del oeste.

Según una fotografía, 1880.

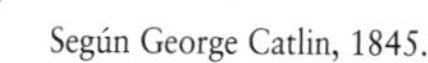

LOS ARAPAHOES

♦ Del pawnee *tirapihu* o *carapihu*, «comerciantes». Se llamaban a sí mismos *invna-ina*, «nuestro pueblo». Para sus aliados, los cheyenes, eran los «hombres del cielo» *(hitanwo'iv)*.

♦ Lengua: algonquino.

♦ Primero fueron sedentarios. Procedentes de Manitoba, cruzaron el Misuri y emigraron hacia el sur y Wyoming, donde adoptaron el nomadismo de los cazadores del bisonte.

♦ Lucharon con el bando de los cheyenes contra los dakotas, kiowas y comanches hasta el tratado de paz de 1840. Luego estuvieron en guerra con los shoshones, los utas y los pawnees. Los arapahoes participaron con los cheyenes y los siux en las luchas contra los blancos hasta el tratado de Medecine Lodge (1867) y su exilio hacia Oklahoma.

♦ 3.000 a finales del siglo XVIII. Evaluación incierta actualmente (tal vez 4.000 o 5.000) en dos reservas (una en Wyoming y otra en Oklahoma con los cheyenes).

Los Dueños de las Llanuras

Según una fotografía de W. Dinwiddie, 1896.

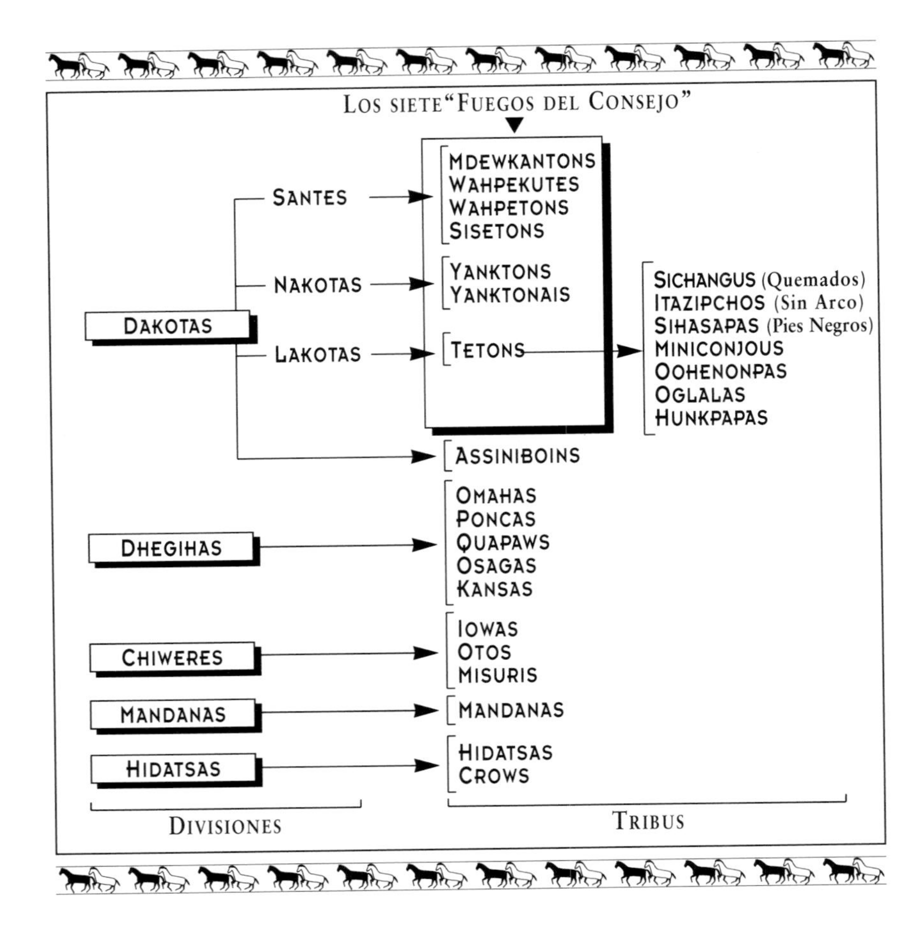

Mientras que los algonquinos dominaban el norte de la Gran Llanura con los pies negros y el oeste con los cheyenes y los arapahoes, los siux ocupaban el centro y el este de la región. Un uso abusivo ha llevado a designar con este vocablo la única tribu dakota, con el pretexto de que era la más importante: de hecho, los siux (abreviación del ojibwa *nadowe-is-iw,* «enemigos del sur») no era una tribu, sino una verdadera nación que reagrupaba todos los indios que hablaban la misma lengua, el siux, y que se cree que proceden del este del continente (de aquí radica la supuesta filiación entre el siux y el iroqués). Robustos, reflexivos y valientes, los dakotas no cesaban de afirmar su supremacía ante sus vecinos de las llanuras.

Para ellos la guerra jamás era una empresa sin ceremonia preliminar y se observaban estrictamente varios tabús asociados con las actividades guerreras. Los guerreros partían al combate con el convencimiento de que no volverían, y preveían su propia muerte. Sin embargo, se llevaban objetos que supuestamente conferían fuerza y protección. Muchos clanes guerreros comprendían un chamán cuyo papel era el de socorrer y aconsejar. El indio otorgaba la máxima importancia al escudo, pero, tanto como por el objeto en sí, se sentía protegido por los signos que lo adornaban; cortado en la cruz del bisonte (donde la piel es más espesa) y endurecido al fuego, el escudo se cubría con un trozo de cuero tensado sobre el cual el guerrero pintaba un dibujo ritual: un motivo *medicina* que se le había aparecido durante una visión. Plumas, jirones de piel, cabelleras o pequeñas bolsitas protectoras podían completar la decoración.

Símbolo de los valores guerreros, el *tomahawk* era el arma preferida de los indios. De madera, hueso o cuerno, decorado o esculpido, iba provisto de una piedra redonda o puntiaguda y se usaba tanto como arma de tiro como para los combates cuerpo a cuerpo. Con el contacto con los blancos, el tomahawk se modificó: la piedra fue sustituida por una fuerte punta de hierro y, a partir del siglo XVIII, los indios adoptaron los modelos fabricados en Europa combinando la función guerrera con el placer de fumar, hachuela y pipa a la vez. Los siux eran también aficionados a la *crooked lance*, una especie de gran bastón con el extremo en punta que, más que un arma de combate, era una marca de dignidad pero que, dado que la necesidad carece de ley, también servía para asestar golpes al enemigo.

Excluyendo las tribus vinculadas a la misma familia lingüística pero que vivían en otras regiones: winebago (Gran Bosque) y catawba yuchi (Sureste), la nación siux de la Gran Llanura se organizaba según el cuadro de la parte superior.

Nota:

- Las tribus whapeton y siseton están más vinculadas a la división santee por las afinidades que existían entre estas tribus que por razones lingüísticas o geográficas.
- No hay que confundir los sihasapas llamados también pies negros con los siksikas (pies negros algonquinos).
- Los tetons constituían el 60% del efectivo de la nación dakota. ▲

Fuente: *Handbook of American Indians.*

LOS DAKOTAS

- «Aliados» en santee; se llamaba *nakota* en yankton y *lakota* en teton.
- Lengua: siux.
- Expulsados por los crees de la región de las fuentes del Misisipí en el s. XVII, los dakotas ocupaban, a principios del s. XIX, un vasto territorio que comprendía todo Dakota del Sur y una parte de los estados actuales de Dakota del Norte, Montana, Wyoming, Nebraska, Iowa, Wisconsin y Minesota.
- Hasta mediados del s. XIX, los dakotas sólo tuvieron enfrentamientos ocasionales con los blancos; se dedicaban sobre todo a ejercer la supremacía con sus vecinos, los ojibwas, crees, pies negros, crows, pawnees o kiowas.

En 1851, un tratado definió las fronteras del territorio siux. En 1862, los santees de Minesota se vieron despojados de sus mejores tierras a cambio de indemnizaciones irrisorias. Al borde del hambre, aprovecharon la guerra de Secesión para atacar. La insurrección provocó 800 víctimas civiles y militares y 80 muertos indios. Los santees fueron vencidos en Woddlake (22 de septiembre de 1862). En 1863, el ejército americano emprende una campaña punitiva (batallas de Whitestone y Badlands). La matanza de Sand Creek arrastra a cheyenes y arapahoes a la guerra (batallas de Platte Bridge y Wolf Creek en 1865).

El descubrimiento de oro en Montana e Idaho provocó que, desestimando los tratados, se abriera la pista Bozeman. Se desató un nuevo episodio guerrero de 1865 a 1868, en el que se distinguieron Red Cloud (Nube Roja) y Crazy Horse (Caballo Loco). El tratado de Fort Rice (abril 1868) consagró los derechos de los indios.

En 1872, el gobierno norteamericano decidió la construcción de una vía férrea entre las montañas de Bighorn y las Black Hills. Se reanudó la guerra, que estuvo marcada por las batallas de Rosebud (1876) y la derrota del general Custer en Little Bighorn (25 de junio de 1876). Tras este desastre, el ejército norteamericano hostigó a los siux, que se refugiaron en Canadá, antes de regresar a su reserva en 1881. En 1889, un paiuta llamado Wowoka anunció la llegada de un mesías indio para repeler a los invasores blancos: la *Ghost Dance* (Danza del Gran Espíritu), que supuestamente activaba el acontecimiento, se extendió por las tribus siux. Este último coletazo se termina con la muerte de Toro Sentado y la matanza de Wounded Knee en 1890.

- Población estimada en 25.000 en 1780. Los siux dakotas eran, en 1970, 2.500 en Canadá y 52.000 en EE.UU. Reservas en Minesota, Montana, Nebraska y, sobre todo, en los dos estados de Dakota (Pine Ridge, Rosebud, Standing Rock).

Según una fotografía de F. B. Fishe, 1902.

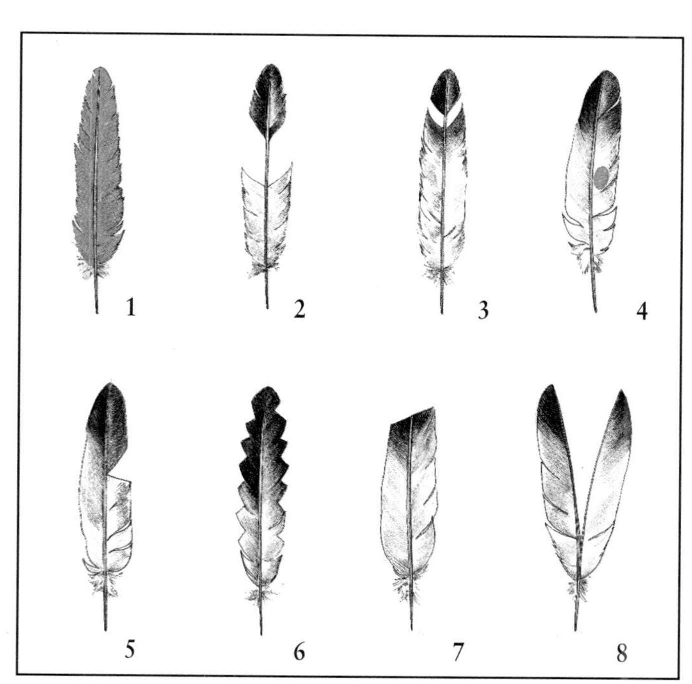

Las plumas eran un complemento de las pinturas imprescindible en el atuendo del valiente. Además de su papel decorativo, señalaban los hechos de armas del que las llevaba.
1. Herido en combate.
2. Ha asestado cinco «golpes» a sus adversarios.
3. Ha herido o matado a su adversario.
4. Ha matado a un enemigo.
5. Ha matado a un enemigo y le ha cogido la cabellera.
6. Ha asestado cuatro «golpes» a sus adversarios.
7. Ha degollado a un enemigo.
8. Herido varias veces.

Llamado cariacu por Buffon, el ciervo de Virginia (Odocoïleus virginianus) *se conoce en Estados Unidos con el nombre de White tailed deer (Ciervo de cola blanca): en caso de peligro, yergue la cola y descubre una mata de pelos blancos, para alertar a sus congéneres. Menos abundante que el antílope americano, su área, en cambio, es mucho más extensa. En peligro de extinción a principios de siglo, desde entonces se ha logrado salvar la especie.*

Los Guerreros de Piedra

Según un grabado, principios del s. XIX.

Dado que su supervivencia dependía de la caza del bisonte, los pies negros, cheyenes y otros dakotas se desplazaban por la Pradera al ritmo de las migraciones de las manadas. Podían edificar los tipis en varias horas y desmontarlos igual de rápido cuando la urgencia o la necesidad imponían el desplazamiento del poblado. Las mujeres se encargaban de su edificación, preferentemente en las inmediaciones de un río, y elegían la situación de las cabañas teniendo en cuenta la posición de cada ocupante en la jerarquía del clan.
El clan era una división de la tribu que actuaba de manera independiente. Estaba constituido por varias familias descendientes de un mismo antepasado, con más frecuencia por filiación materna. El jefe responsable del clan podía ser elegido o designado por vía hereditaria (¡aunque había de demostrar su valor!). Cada tribu contaba con tres o cuatro divisiones que agrupaban varios clanes y con un jefe en cabeza de cada una. Varios hombres se repartían la autoridad, lo que permitía una armoniosa distribución de las responsabilidades y los poderes.

Las «sociedades» guerreras desempeñaban una función particularmente importante en las tribus de las llanuras:

■ Las sociedades «con graduación» se estructuraban según las edades en los pies negros, arapahoes, mandanas e hidatsas. Cualquiera podía ascender sucesivamente a los distintos niveles, desde los neófitos a los guerreros con más graduación. Los jóvenes tenían la posibilidad de entrar en la jerarquía de la sociedad comprando sus derechos a sus mayores inmediatos. Daba lugar a muchos regalos y festividades. Al actuar así, los «vendedores» tenían la ambición de acceder al nivel superior.

■ Las sociedades «sin graduación», rivales en el seno de una misma tribu, se daban en los tetons, crows, cheyenes, assiniboins, omahas y poncas. No existía ninguna discriminación respecto a los que engrosaban sus filas, pero el valor colectivo o las hazañas de un guerrero excepcional contaban mucho para asegurar la supremacía de una sociedad. Además, había una gran competencia para atraer a los más valientes... y se permitía cualquier acción para buscar pelea o enfrentarse en el terreno.

El afán de bravura conducía a los miembros de ciertas sociedades (la *Miwa'tani* de los tetons o la célebre *Dog Soldiers*, «Soldados del perro», de los cheyenes) a atarse con un gran cinturón a una estaca clavada en el campo de batalla, obligándose a vencer o morir. Los guerreros «contrarios» (*Bow-String* de los cheyenes) hacían sistemáticamente lo contrario de lo que ordenaba la lógica; se negaban a participar en la batalla si sus hermanos de armas eran vencedores pero se abalanzaban con furor en caso de desbandada.
Las sociedades también podían afectar a las mujeres, ya sea como combatientes eventuales (cheyenes), o por su destreza en ciertas actividades (por ejemplo los trabajos realizados con pinchos del puerco espín en las tribus cheyenes, mandanas e hidatsas). ▲

LOS ASSINIBOINS

- Del ojibwa *Usin-upwawa*: «cocina usando piedras». Los dakotas les llamaban *hobe,* «rebeldes»; los franceses, «los guerreros de piedras».
- Lengua: siux.
- Procedentes del Este y de los lagos Winnipeg y Nipigón, estaban establecidos a finales del siglo XVIII al sur de Canadá, a lo largo de los ríos Saskatchewan y Assiniboine.
- Pueblo con fama de hospitalario, nómada y cazador del bisonte.
- Surgidos de los yanktonais en el siglo XVII, se habían distanciado de las otras tribus siux e incluso se aliaron con los crees contra los dakotas. Además, llevaron una lucha incesante contra los siksikas. Fueron duramente asolados por la viruela en 1836.
- 8.000 en 1829, 4.000 después de la epidemia, 2.800 en 1985 en las reservas de Montana y Alberta.

Según George Catlin, 1831.

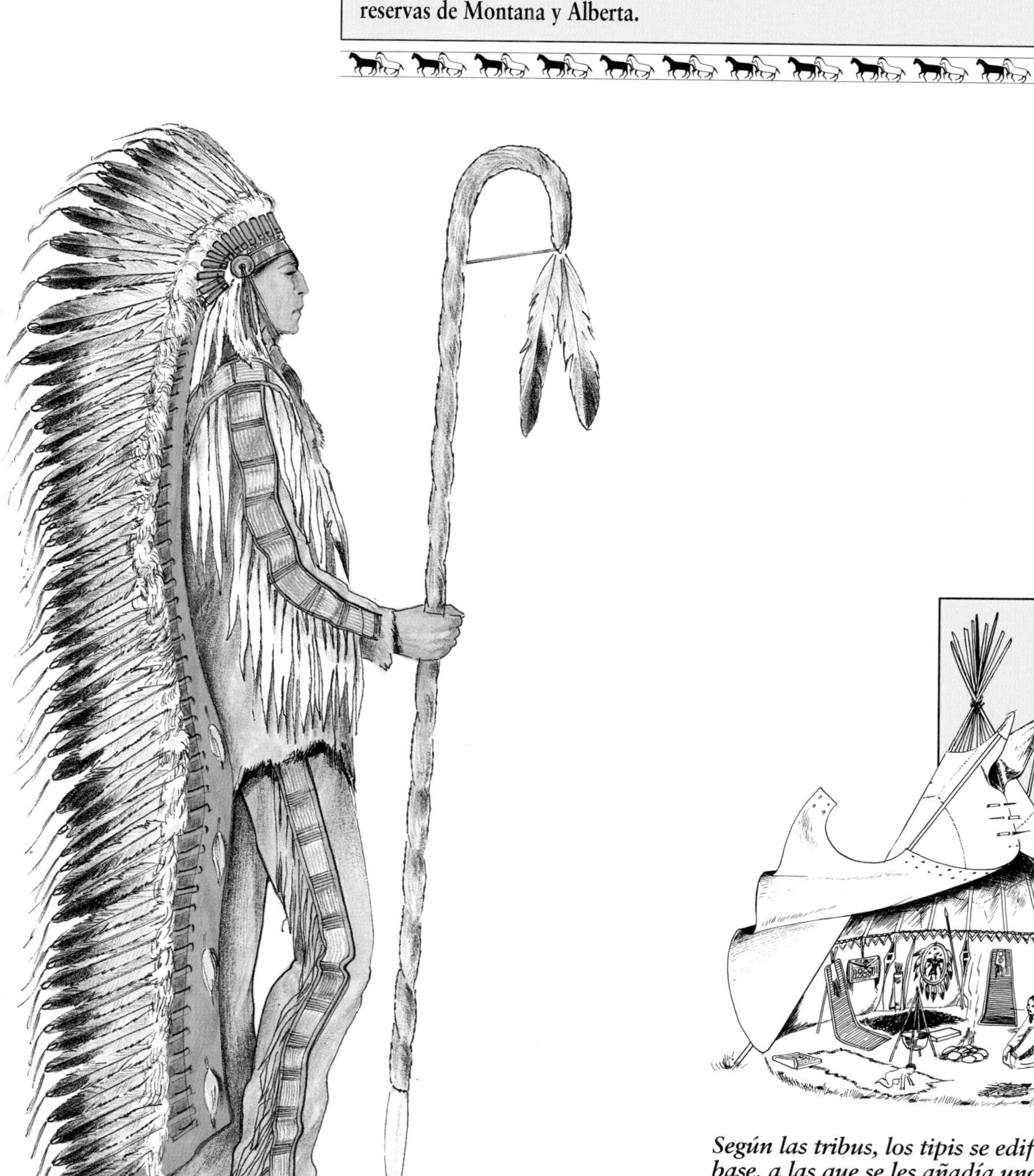

Teton Oglala, según un cuadro, 1875.

Según las tribus, los tipis se edificaban con tres o cuatro perchas de base, a las que se les añadía unos veinte postes de complemento. Orientados hacia el Este para poner a los ocupantes a cubierto de los vientos dominantes, llevaban una abertura en la cima para la evacuación del humo. Instalada a principios de verano para la reunión de los clanes, la tienda del Consejo podía alcanzar doce metros de diámetro.

Los Siux Dhegihas

Según George Catlin, 1834.

Los Osagas

- Alteración por unos comerciantes franceses de su nombre, *wazhazhe.*
- Lengua: siux.
- Sur del Misuri y Norte del Arkansas.
- La tribu más importante de los dhegihas. Organización idéntica a las tribus del grupo: descendencia por padre, prohibición de matrimonio entre miembros del mismo clan y especialización del clan en su actividad al servicio de la comunidad. La tribu se repartía en dos mitades: la de la guerra y la de la paz.
- Jacques Marquette los conoció en 1673. Se aliaron con los franceses para vencer a los foxs en 1714. Destacaron después por una intensa actividad guerrera, por lo que su nombre se volvió sinónimo de «enemigo» para los demás indios. En 1802, unos comerciantes franceses los convencieron para que remontaran el Arkansas y se instalaran en lo que iba a convertirse en Oklahoma. Sucesivamente, sufrieron la llegada de tribus expulsadas del este del continente y la invasión de emigrantes blancos. Primero establecidos en una reserva de Kansas, se instalaron definitivamente en Oklahoma en 1870.
- 6.200 en 1780; 6.743 en 1985.

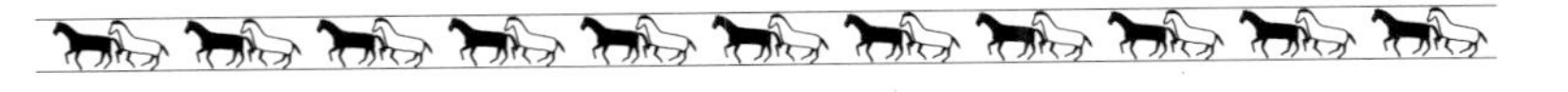

Grupo de tribus de lengua siux del centro de la región de las llanuras, los dhegihas («de este lado») llegaron, al parecer, del valle del Ohio hacia 1500, y comprendían, al norte, las tribus omaha, ponca, osaga y kansa, y, al sur, en el curso inferior del Arkansas, la única tribu, quapaw. Estos indios eran seminómadas y combinaban el cultivo del maíz con la caza del bisonte.

Los tatuajes y las pinturas faciales y corporales eran corrientes en todo el mundo indio debido a sus «virtudes protectoras». El guerrero de las llanuras también veía en ellos el modo de impresionar a los adversarios por un sistema de marcas que atestiguaban su bravura y sus gestas. A menudo, el caballo del guerrero también era decorado para alabar sus propias cualidades y los méritos del jinete. En las formas tradicionales de combate, la cabellera cogida del enemigo muerto o herido era un signo heroico, tal que el robo de los caballos que le pertenecían. Pero «el golpe» todavía tenía más prestigio a los ojos del guerrero. Éste procuraba tocar a su adversario con el extremo del «bastón de los golpes», un palo con la punta doblada, a veces envuelto en piel y decorado con plumas que exhibían los hechos de armas ya cumplidos. En la época del comercio con los blancos, los indios de las llanuras se hicieron con puntas de lanza y flechas de hierro. Para la caza, empleaban puntas sencillas, sólidamente fijadas, que podían recuperarse y reutilizarse. En cambio, las armas de guerra estaban provistas de puntas «dentadas» que se separaban y permanecían en la herida. Los guerreros también eran aficionados a las armas de puño: mazas, rompecabezas, hachas y *tomahawks* de mango hueco que permitían fumar tabaco colocado en una hendidura incorporada en la hoja. ▲

Iowa

Pies Negros

Pawnee

Teton

Pinturas de guerra según George Catlin y Karl Bodmer.

LOS PONCAS

- Nombre de significado desconocido.
- Lengua: siux.
- En la confluencia de los ríos Niobrara y Misuri en Nebraska.
- Procedentes de la tribu omaha, tenían el mismo modo de vida.
- Fueron vencidos por sus enemigos dakotas y deportados en 1877 hacia Oklahoma.
Una minoría se negó a abandonar su territorio, una parte del cual se convirtió en reserva en 1889.
- Población estimada en 800 en 1780.
Había 401 poncas en Nebraska en 1944 y 2.272 en Oklahoma en 1985.

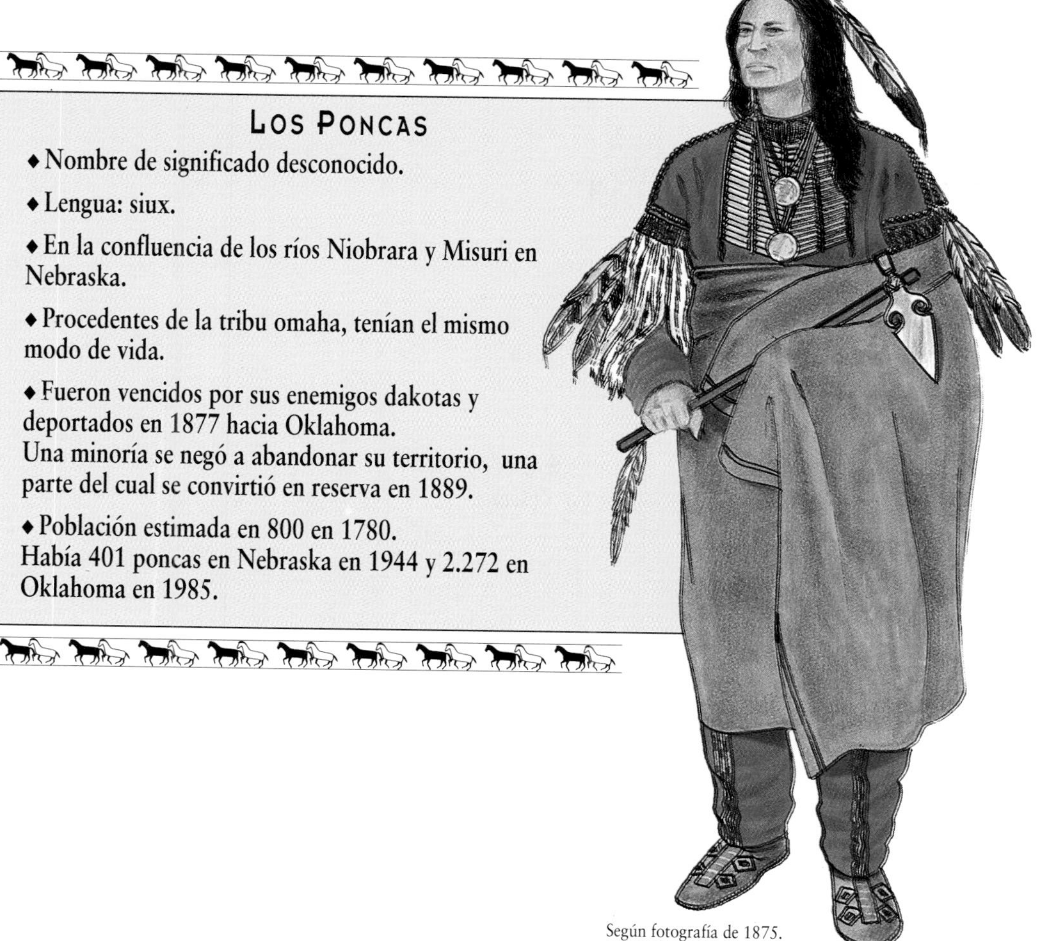

Según fotografía de 1875.

Según George Catlin, 1832.

LOS OMAHAS

- «Los que caminan contra el viento».
- Lengua: siux.
- Noreste de Nebraska, en la orilla oeste del Misuri.
- Sus poblados consistían en cabañas cubiertas de tierra o corteza. Cuando cazaban los bisontes, adoptaban los tipis como las demás tribus de las praderas.
- En conflicto con los dakotas, tuvieron buenas relaciones con los blancos. Vendieron sus tierras en 1854, salvo una parcela que se convirtió en su reserva, amputada en 1865 de una superficie atribuida a los winebagos.
- 2.800 en 1780, eran 1.300 en 1970.

Según fotografía de 1870.

LOS KANSAS

- Del nombre de uno de sus clanes. Significaría «pueblo del viento del sur».
- Lengua: siux.
- Establecidos en el este del Estado que lleva ahora su nombre.
- Modo de vida idéntico a las demás tribus dhegihas.
- Seguramente estuvieron en contacto con Coronado a partir de 1541. Marquette los conoció en 1673. Asignados a una reserva en Topeka (Kansas) en 1846, su espacio fue progresivamente retomado por el gobierno. Luego fueron desplazados hacia Oklahoma en una nueva reserva cercana a los osagas.
- Unos 3.000 en 1780 según las estimaciones, 543 en 1985 (en Oklahoma).

Los Siux Chiweres

Según fotografías de la misión Simonin, 1868.

Los Otos

- De *wat'ota,* traducido por "libertino"; podría significar de manera más verosímil "lascivo" o "inconstante". Se llamaban a sí mismos *chewaerae.*
- Lengua: siux.
- Establecidos en Nebraska, en el curso inferior del Platte.
- Seminómadas, labradores y cazadores.
- Al parecer, durante su emigración hacia el oeste, se separaron primero de los iowas, luego de los misuris. Visitados por Cavelier de la Salle en 1680. Cedieron su territorio en 1854. Cuando su reserva en el río Big Blue fue vendida en 1881, partieron para Oklahoma donde compartieron reservas con los poncas, los pawnees y los misuris.
- De 900 en 1780, eran 1.280 en 1985.

Los chiweres, «los que pertenecen a esta tierra», comprenden las tribus iowa, misuri y oto. En el siglo XV, según parece, formaban con los dhegihas y los dakotas una nación importante al norte de los Grandes Lagos. Durante su emigración hacia el sur, dejaron de camino a los winebagos a la orilla del lago Michigán y se separaron de los dhegihas. Conservando ciertas tradiciones del Gran Bosque, optaron por un seminomadismo asociando agricultura y caza del bisonte.

Durante más de cinco siglos, la Gran Llanura fue recorrida en todos los sentidos por las tribus nómadas. Entre ellas y en sus relaciones con los indios procedentes de regiones limítrofes (Nez-Percés, shoshones, apaches...) practicaban dialectos que pertenecían a siete grandes familias lingüísticas (algonquino, siux, caddo, shoshone, kiowa, penuti y atapasco), por lo que tenían una gran dificultad para comunicarse cuando las intenciones no eran bélicas. La respuesta fue la puesta a punto de un lenguaje de signos, una especie de esperanto gestual que permitía compartir informaciones o comerciar. Asimismo, pies negros, crows, pawnees, comanches, kiowas, Nez-Percés y apaches pudieron intercambiar otras cosas que flechas y golpes de tomahawk. Este modo de comunicación se practicaba con gran celeridad y los signos se encadenaban rápidamente unos tras otros. Primero los traperos y luego los soldados se familiarizaron con este lenguaje indispensable para desarrollar comercio o establecer relaciones de confianza. Todo induce a creer que no lo emplearon lo bastante como para conocer y comprender mejor a los indios de las llanuras.

Entre ellas, las tribus utilizaban numerosas señales convencionales:

- Señales de humo cubriendo o descubriendo un fuego de ramas y hierbas, señales de espejos, de flechas ardiendo, mantas agitadas y movimientos de caballos.
- Signos de pistas dejados por los batidores: piedras ordenadas según un código, marcas en la corteza de los árboles, hierbas atadas o ramas rotas. ▲

Lenguaje de los signos.

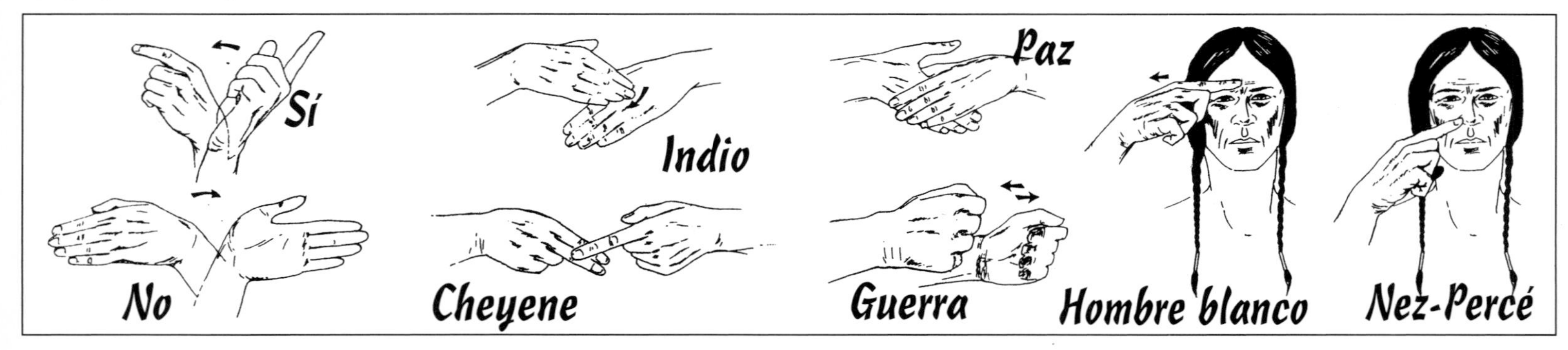

LOS MISURIS

◆ Del algonquino illinois que significa «los que tienen piraguas». Otra versión propone «gran río cenagoso», atribuido al río Misuri. Se llamaban a sí mismos *niutachi.*

◆ Vivían en el Misuri actual, cerca de la confluencia de los ríos Grand y Misuri.

◆ Seminómadas que cultivaban maíz, judías, calabaza y cazaban bisontes.

◆ Conocidos por Marquette (1693), sufrieron una cruel derrota infligida por los sauks y foxs en 1798. Luego fueron vencidos por los osagas a principios del siglo XIX, antes de fundirse con las tribus iowa y oto.

◆ Población estimada en 1.000 individuos en 1780; evaluación imposible en nuestros días.

Según George Catlin, 1832.

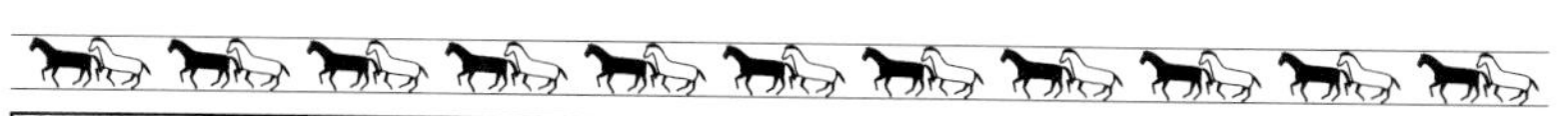

LOS IOWAS

◆ Del dakota *ayuhwa:* «los dormilones». También puede venir de *ai'yuwe*: «calabacín».

◆ Lengua: siux.

◆ Según unos negociantes franceses, eran comerciantes y labradores muy hábiles. Evaluaban su riqueza en pieles de bisonte y calumets cuya manera de esculpir los hizo famosos.

◆ En contacto con los franceses (Marquette en 1674, Lemoyne d'Iberville en 1702). Reserva en Kansas en 1836 y en Oklahoma en 1683.

◆ 1.100 en 1760. En 1985, había 500 iowas en Oklahoma, Kansas y Nebraska.

Según George Catlin, 1844.

Lenguaje de los signos.

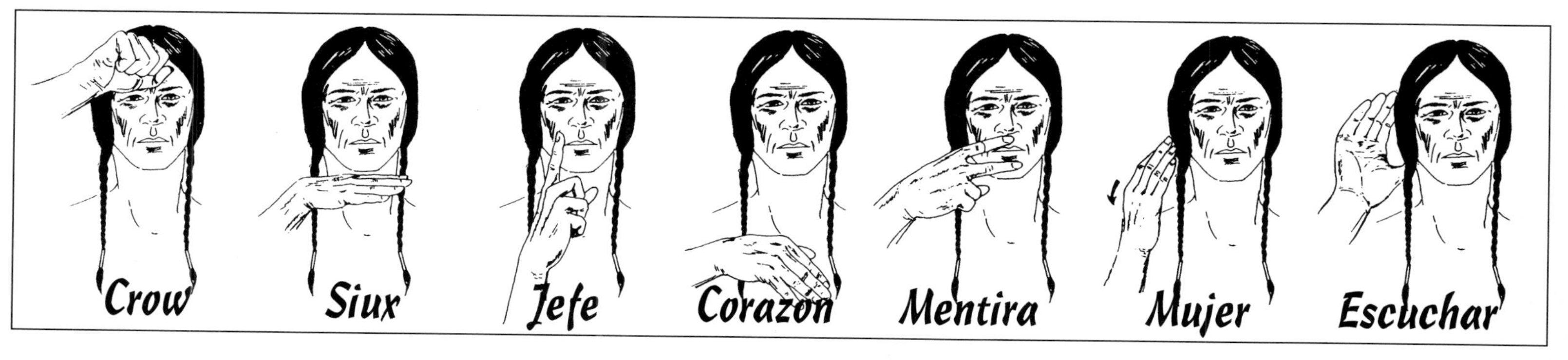

A Lo Largo del Misuri

Según Karl Bodmer, 1833.

El indio creía que el mundo estaba poblado de poderes maléficos que había que temer o benéficos que había que honrar. Los rayos y el trueno eran movimientos que expresaban el humor de estas fuerzas superiores; el frío y la sequía, el precio que había que pagar para merecer los favores de la naturaleza: la renovación de la primavera, el agua de los riachuelos y las frutas de los árboles... El indio vivía en armonía con la naturaleza, cuyos actos, todos y cada uno, tenían un matiz sagrado. Si los bisontes abundaban en la llanura era porque los espíritus habían atendido los rezos del cazador. Era preciso evocar a estos espíritus con gran fervor para que nada fuera a turbar el buen orden de las cosas, para que el sol se levantara cada mañana, que la primavera sucediera al invierno, que la caza fuera fructífera o la cosecha copiosa. Dado que concedía una gran importancia a sus sueños, el indio inducía este estado segundo propicio a las visiones y alucinaciones. Los mandanas practicaban unos ritos iniciáticos sobrecogedores a la sazón del *Okeepa*: los jóvenes, tras recibir cuchilladas en la espalda, los hombros y las piernas, eran suspendidos de la techumbre de la cabaña de las ceremonias por unos tarugos de madera que les traspasaban el pecho y los brazos. Otros rituales marcaban la cosecha de maíz. La práctica de sudaciones prolongadas era frecuente en las tribus de las llanuras tal que en otras regiones. Las sesiones tenían lugar en chozas (*onikaghe* o *sweat lodges*) reservadas para este uso. Las mujeres arrojaban agua sobre piedras dispuestas encima de un fuego, provocando abundante vapor. Inmóvil, sudando y privado de comida, el indio esperaba el momento en que, al borde del síncope, llegarían las alucinaciones. De la interpretación de estas visiones dependía toda decisión importante para él o su tribu: guerra, caza, emigración del pueblo...

Al término de la adolescencia, el indio tenía que retirarse durante varios días observando un ayuno absoluto. El primer animal que veía en sueños se volvería su protector; jamás debería matar un ejemplar de esta especie y se inspiraría en él para constituir su medicina. Esta *medicina* (deformación del nombre algonquino *midewiwim*) era un conjunto de pequeños objetos, talismán que cada guerrero llevaba encima. Le era indispensable, no para curarse, como la traducción daría a suponer, sino para protegerse y encontrar presagios que guiarían sus decisiones.

Llamado erróneamente brujo por los blancos, el chamán poseía, según las creencias, el poder de comunicarse con las fuerzas invisibles que rodean a la humanidad. Persona importante, que disponía de prestigio e influencia, vivía solo, temido, apartado, y sometía el cuerpo a varias pruebas de purificación, incluso mutilaciones. Una de las tareas del chamán consistía en curar a los enfermos. Los indios creían que las enfermedades eran un castigo o una venganza de las fuerzas maléficas. Por tanto, calmar el dolor significaba vencer a los demonios y el chamán disponía para ello de un arsenal heteróclito de objetos y productos. Otra de sus misiones era discernir los buenos de malos presagios librados por los espíritus, de los que dependían a veces serias decisiones y la suerte de la tribu. ▲

Los Mandanas

◆ Corrupción de un término dakota que los designaba: *mawatani.* Se autodenominaban *numakaki:* «los hombres».

◆ Lengua: siux.

◆ Dakota del Norte, a la orilla del Misuri, entre las confluencias de los ríos Little Misuri y Heart.

◆ Combinaban una vida sedentaria de cultivadores de maíz con la caza del bisonte. También eran diestros alfareros. Gracias a su posición en el Misuri, sus poblados constituían un centro de intercambio entre las tribus del norte y del sur y, más tarde, entre negociantes blancos e indios en el comercio de pieles. Organizados en dos medias tribus, los mandanas estaban estrechamente vinculados a los hidatsas y los arikaras.

◆ Venidos de los Grandes Lagos hacia el siglo XIV (probablemente salidos de una gran nación winebago), fueron unos de los primeros siux que se instalaron en la Gran Llanura. Recibieron la visita de La Verendrye en 1738, Lewis y Clark en 1804, y los pintores George Catlin y Karl Bodmer en 1832 y 1833. La epidemia de la viruela de 1837 los diezmó duramente, dejando sólo a 128 supervivientes (23 hombres, 40 mujeres y 65 niños).

◆ 3.600 en 1780, 1.600 en 1837 antes de la epidemia, 705 en 1970 en la reserva de Fort Berthold, alrededor del lago Sakakawea (Dakota del Norte), con los hidatsas y los arikaras.

Según Karl Bodmer, 1833.

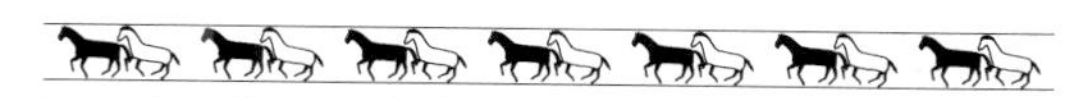

Los Hidatsas

◆ «Sauces», del nombre de uno de sus poblados.

Los mandanas los llamaban *minitaris:* «los que han atravesado el agua», con referencia a su primer encuentro en la orilla del Misuri. Para los tramperos franceses, eran los Barrigudos del Río (origen de la posible confusión con los atsinas).

◆ Lengua: siux.

◆ Muy vinculados a los crees, de los que procedían.

◆ Vecinos de los mandanas en el Misuri, tenían el mismo modo de vida. No practicaban la *Okeepa* pero sí la danza del Sol, también marcada por torturas corporales. Sus sociedades eran preponderantes: *Soldado del perro* para los hombres y *Sociedad del bisonte blanco* para las mujeres...

Recibieron los mismos visitantes que los mandanas. También sufrieron la epidemia de la viruela.

◆ 2.500 en 1780, 731 en 1937 en Fort Berthold (Dakota del Norte).

Tipo de choza común entre mandanas e hidatsas.

Según un cuadro, 1840.

Según un grabado, principios del siglo XIX.

Los Crows

◆ Su propio nombre era *absaroke*, el "pueblo del pájaro". Los franceses les llamaban "Gente del cuervo", de donde procede el nombre inglés (*crow*).

◆ Lengua: siux.

◆ Instalados en Montana en el curso del Yellowstone y sus afluentes: el Bighorn, el Rosebud y el Powder y, más al sur, el río Wind en Wyoming.

◆ Separados de los hidatsas hacia 1776, los crows eran un pueblo orgulloso, bélico, que despreciaba a los blancos y se dedicaba a la caza del bisonte. Debido a su elegancia, recibieron el apodo por parte de los franceses de "los Brummels del mundo indio". Poseían unos 10.000 caballos.

◆ Visitados por Lewis y Clark en 1804, los crows estaban en guerra permanentemente con los siksikas y los dakotas. Hicieron de batidores para la caballería americana.

◆ 4.000 en 1780. Más de 6.000 en 1985, en una reserva en el río Bighorn (Montana).

«Los que comen maíz»

Los Arikaras

◆ Del pawnee/skidi *ariki:* «cuerno» con referencia a su tocado. Su propio nombre era *tanish* o *sannish*: «los hombres». En el lenguaje de signos, eran «los que comen maíz».

◆ Lengua: caddo.

◆ Orilla del Misuri, entre el río Cheyene y Fort Berthold (Dakota del Norte), en las cercanías de los mandanas y los hidatsas.

◆ Aunque de distinta lengua, los arikaras semejaban a mandanas e hidatsas por su modo de vida: cabañas de tierra, poblados con empalizadas y cultivo del maíz.

◆ A finales del siglo XVIII, mantuvieron buenas relaciones comerciales con los franceses. Fueron visitados por Lewis y Clark en 1804. Mezclados en conflictos con los traficantes de pieles, también se hallaron en la ruta de los emigrantes hacia el Oeste. Los dakotas y la viruela acabaron de aniquilarlos (1837 y 1856). En 1880, arikaras, mandanas e hidatsas se reagruparon en la reserva de Fort Berthold (Dakota del Norte).

◆ 3.000 en 1780. 460 en 1970.

Cabaña caddo.

Según George Catlin, 1832.

Según un grabado, principios del s. XIX.

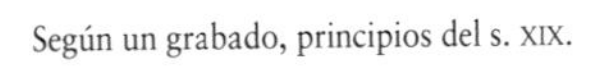

Los Caddos

◆ Abreviación de *kadohadacho* (una de las tribus de la confederación caddo), que significaba «los verdaderos jefes». Los caddos se daban el nombre de *hasinai:* «nuestra propia cultura».

◆ Lengua: caddo.

◆ Suroeste del Arkansas y noreste de Texas.

◆ Agricultores sedentarios que también practicaban la caza del bisonte.

◆ Los caddos se opusieron en 1541 a De Soto, que reconoció su valentía, y, luego, en 1687, dieron con los supervivientes de la expedición de Cavelier de la Salle. Lemoyne d'Iberville ganó su confianza y fueron sometidos a la influencia francesa a principios del s. XVIII. Luego los caddos se opusieron a los choctaws, con quienes se aliaron poco después contra los osagas (finales del s. XVIII). En 1835, cedieron sus tierras al gobierno estadounidense y se establecieron en Texas. Durante la guerra de Secesión, fieles a la Unión, fueron deportados a Kansas. Luego se reinstalaron en una reserva de Oklahoma con los wichitas (1902).

◆ Unos 2.000 en el siglo XVIII. 967 en 1937.

Los indios utilizaban mucho el tabaco mezclado con otros vegetales: laurel, corteza interior de cornejo, sauce púrpura, álamo y abedul. Era un medio eficaz de perder la conciencia y acercarse a los dioses. El uso del calumet era un rito propicio para la reflexión, que se podía compartir entre amigos en un ambiente de paz. Pasar el calumet de mano en mano, cada uno haciendo una calada, era la mejor muestra de confianza, la manera de sellar un pacto.

El indio de las llanuras mantenía el contacto con el mundo de los espíritus mediante numerosas ceremonias con incantaciones y ofrendas... pero, gracias a la danza, alcanzaba el estado en que uno parece escapar de las limitaciones humanas. Así ocurría con la danza del Sol, que daba lugar a pruebas o mutilaciones voluntarias. Los indios no tenían miedo del más allá. El otro mundo era semejante al suyo y los hombres se encontraban en él reunidos según su manera de morir: un guerrero muerto en combate no podía de ningún modo codearse, en los terrenos de caza de la eternidad, con un hombre muerto de viejo.

La muerte de un guerrero provocaba manifestaciones evidentes de dolor: su esposa se golpeaba el pecho, se cortaba el pelo y se infligía crueles heridas. Algunas tribus abandonaban el cuerpo en una cueva o en la horcadura de un árbol, pero la mayoría de pueblos de las llanuras erigían una plataforma en la que el cuerpo se descomponía lentamente. Se mataban los caballos preferidos del difunto para que lo acompañaran al más allá; sus armas, utensilios y bienes se quemaban. ▲

Según George Catlin, 1834.

LOS WICHITAS

♦ Según las fuentes, de *wits:* «hombres» o del choctaw *wiachitoh:* «gran árbol» (alusión a su vivienda). Se daban a sí mismos el nombre de *kirikitishs* (sin duda «los verdaderos hombres»).

♦ Lengua: caddo.

♦ Wichita Mountains en Oklahoma.

♦ Venidos del sur, cultivaban maíz, calabaza y tabaco, que comerciaban con las demás tribus. Se volvieron cazadores de bisontes. Honrados y hospitalarios, tendían a ofenderse con facilidad.

♦ Los wichitas estaban en Kansas cuando Coronado los cruzó en 1541. Primer tratado en 1835 con el gobierno federal; permanecieron en Oklahoma hasta el principio de la guerra de Secesión y fueron desplazados a Kansas. En 1867, regresaron definitivamente a Oklahoma a la reserva caddo.

♦ 3.200 en 1780. 460 en 1970.

Cabaña wichita.

Calumet siux de catlinita y madera.

Funda de calumet cheyene, mediados del s. XIX.

Según George Catlin, 1832.

Según George Catlin, 1832.

LOS PAWNEES

♦ De *paariki,* «cornudo», alusión a su tocado, o de *parisu,* «cazador». Se llamaban a sí mismos *chahiksichahiks:* «hombres de los hombres».

♦ Lengua: caddo.

♦ Curso medio del río Platte en Nebraska.

♦ Divididos en cuatro tribus, los pawnees eran seminómadas que vivían en cabañas de tierra. Como los mandanas, se repartían entre el cultivo de maíz y la caza del bisonte.

Practicaban ritos religiosos complejos en que los elementos naturales (el viento, el trueno, los rayos y la lluvia) eran mensajes enviados por Tirana, la fuerza superior. Una serie de ceremonias señalaban el crecimiento del maíz con sacrificios humanos (generalmente una cautiva comanche). Se dedicaban también a la cestería, la alfarería y el tejido.

♦ Procedentes del sur, ocuparon la llanura antes de la llegada de los siux. Coronado los conoció en 1541. A principios del s. XVIII, los pawnees se aliaron con los franceses para comerciar y enfrentarse a la presión española. Se agotaron en el siglo XIX en sus luchas contra los dakotas. Proporcionaron batidores al ejército norteamericano. Cedieron sus tierras mediante tratados y se instalaron en Oklahoma.

♦ Unos 10.000 en 1780. 1.149 en 1970.

El Ancho Camino

Según George Catlin, 1834.

Finales del siglo XIX.

Los Comanches

◆ Según las fuentes, el nombre vendría del español *camino ancho*, o del término uta *koh-maths*, «enemigo». Se autodenominaban *ne-me-ne* o *nimenim:* «el pueblo».

◆ Lengua: shoshone.

◆ Nómadas cazadores de bisontes, que se dedicaban ocasionalmente a la agricultura. Notorios jinetes, valientes e impetuosos, gozaban de un sentido del honor muy marcado y estaban convencidos de ser hombres superiores.

◆ Originarios del este de Wyoming (vinculados a los shoshones). Emigraron progresivamente hacia el sur. Durante el s. XVIII, combatieron contra españoles y apaches, antes de ensañarse con los americanos. Fortalecidos gracias a su alianza con los kiowas, multiplicaron pillajes y matanzas a principios del s. XIX. Tras varios acuerdos no respetados, los comanches aceptaron retirarse en una reserva de Oklahoma (tratados de 1865 y 1867)... pero continuaron sus incursiones hasta su derrota en 1874-1875.

◆ Población estimada en 7.000 individuos en 1700; 3.600 en 1985.

Según George Catlin, 1834.

LOS KIOWAS

♦ De su propio nombre *Ga-i-gwy* o *Ka-i-gwy*, «pueblo dominante».

♦ Lengua: kiowa (grupo lingüístico aislado caracterizado por sonidos ahogados).

♦ A mediados del s. XVIII, ocupaban un territorio recortado por los estados de Oklahoma, Kansas, Colorado, Nuevo México y Texas.

♦ Cazadores de bisontes nómadas, tenían la tez oscura y una complexión corpulenta. La tribu kiowa es la única que mantuvo una crónica bienal basada en pictogramas (de 1832 a 1892).

♦ Antes del siglo XVIII, los kiowas ocupaban un territorio situado en Montana en el curso del río Yellowstone (origen de unos lazos muy amistosos con los crows). En cuanto dispusieron de caballos, emigraron hacia el sur cazando el bisonte. En 1804, Lewis y Clark los situaban en el río North Platte. Al llegar a Oklahoma, se aliaron con los kiowa-apaches y sus antiguos enemigos, los comanches. Considerados los indios de las llanuras más agresivos, fueron irreductibles adversarios para los americanos.

♦ 2.000 en 1780. 4.000 en 1985, en Oklahoma.

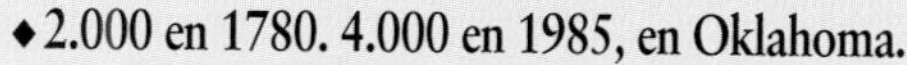

Según George Catlin, 1834.

En el primer tercio del siglo XIX, todo el mundo admitía que esta vasta región en el centro del continente, ese gran «desierto americano» era inhóspito y poco apropiado para la colonización. Eso no habría turbado la paz de los indios de las llanuras si no hubieran pagado, ya en esa época, un grave tributo por la presencia europea en el continente. A partir de 1780 y sin interrupción hasta finales del siglo XIX, graves epidemias de viruela asolaron a las tribus: tetons (1780), omahas (1802), comanches (1815), osagas (1828), pawnees (1831), mandanas (1837), crows (1845), iowas (1848), arikaras (1856), kiowas, cheyenes y arapahoes (1861), assiniboins, atsinas y pies negros (1871), por citar sólo las más importantes. Ciertas tribus desaparecieron casi totalmente (mandanas), otras fueron diezmadas de un cuarto, la mitad, e incluso los dos tercios de sus efectivos. Las enfermedades transmitidas por los blancos mataron a más indios que las balas de fusiles.

Paralelamente, se desataron otros acontecimientos que contribuyeron a precipitar el declive de los indios de las llanuras: el éxodo de las tribus del Este hacia Oklahoma, usurpando el territorio de los osagas, kiowas y wichitas; la afluencia de colonos en la pista de Oregón (a partir de 1843) o hacia California (Fiebre del oro a partir de 1848); la emigración de los mormones (1846); el desarrollo de la conexión entre el Este y el Oeste (Pony-Express en 1860, diligencias de la Wells-Fargo en 1862); la construcción y puesta en marcha del «caballo de hierro» (1862-1869); la exterminación de la manada de bisontes (consecutiva a la instalación del ferrocarril); la multiplicación de los asentamientos militares federales... una larga y trágica historia cuya relación no entra en el marco de la presente obra y que halló su epílogo en Wounded Knee en 1890 al término de las «guerras indias». Solamente unos nombres permanecen en la memoria colectiva para dar muestras de la locura de los hombres: la matanza de Sand Creek, batallas de Washita, Rosebud, Little Bighorn... ▲

Sitting Bull (*«Toro Sentado»*, de su verdadero nombre Tatanka Yotanka), nacido en 1831 (o 1834), era un siux hunkpapa. Hombre-medicina, se convirtió en jefe de guerra contra los blancos y fue el vencedor de Custer en Little Bighorn (1876). Fue asesinado el 15 de diciembre de 1890.

Crazy Horse (*«Caballo Loco»*, de su verdadero nombre Tasunka Witko), nacido en 1842, fue un excepcional jefe oglala. Participó en las laderas de Red Cloud en lucha contra los blancos. Destacó en Rosebud y Little Bighorn (1876). Fue matado poco tiempo después de su rendición (7 de septiembre de 1877).

El Suroeste

Los Hombres de la Serpiente

La región del Suroeste se extiende de un lado a otro de la frontera mexicano-americana: al sur, más allá del 30° paralelo, las provincias mexicanas de Sonora, Chihuahua, Coahuila y Nuevo León; al norte, los estados de Arizona, Nuevo México y la parte meridional de Texas hasta el golfo de México. Sólo tomaremos en cuenta la segunda parte, la norteamericana, para respetar los límites definidos en esta obra.

El Suroeste aparece como una tierra de contrastes. Bajo un cielo de un azul intenso, ofrece al viajero el espectáculo de un paisaje grandioso donde alternan montañas, desiertos, cañones, acantilados de columnas truncadas, mesetas que descansan en la arena cual inmensas barcas volcadas... un paisaje manchado de colores cálidos en que se mezclan todos los matices del sombra, el ocre, el rojo y el amarillo. Bosques de pinos y enebros cubren las cimas, cactáceas y espinos siembran la arena y las rocas del desierto. A veces estalla una violenta tormenta, oscureciendo el cielo y transformando el lecho seco de los arroyos en torrentes cenagosos. El desierto se metamorfosea repentinamente y se engalana con miles de flores que estaban esperando la lluvia.

Por la noche hace frío, pero, de día, el calor es abrumante. Los pájaros —codornices moñudas, sinsontes, alcaudones— salen al amanecer para comer y se refugian a la sombra el resto del día. Los pecarís y las pequeñas ardillas terrestres —las tamias— soportan las horas más calurosas pero sólo algunos lagartos como el chuckawalla son capaces de permanecer inmóviles sobre la roca ardiente. La vida nocturna es mucho más activa: innumerables, los pequeños roedores salen de su madriguera para abastecerse con granos, exponiéndose así a los ataques de los predadores —serpientes, aves de rapiña, mamíferos carniceros... basárides, tejones, zorros, coyotes, cazador o presa, cada uno persigue al más débil o al de menor tamaño que él—. Linces y pumas son los únicos que no temen adversario alguno. Unas excavaciones efectuadas en 1926 cerca de la ciudad de Cochise (Arizona), a cien kilómetros al este de Tucson, confirman la presencia de pueblos cazadores como mínimo 9.000 años a. de J.C. Desde entonces, se identifican con el nombre de "pueblo de Cochise".

Pero en aquella época, la región era fría y húmeda; el último retroceso de los glaciares al norte del continente modificó el clima, que se volvió rápidamente caluroso y seco como hoy. La caza mayor, entre la cual el bisonte, se exilió hacia el Norte y los cazadores, adaptándose a unas nuevas condiciones de vida, se hicieron labradores. A lo largo de los milenios, los hombres de la región mejoraron sus técnicas y se convirtieron en los primeros verdaderos agricultores del continente, valiéndose de la influencia y las aportaciones de las civilizaciones mesoamericanas: diversificación de cultivos, alfarería, hilado y tejido del algodón. ▲

La kingsnake "Sonoran mountain" (Lampropeltis pyromelana) *llega a alcanzar un metro de largo. Inofensiva para el hombre, se alimenta de pequeños roedores.*

Kiwas y Katchinas

Los Hopis

- Contracción de *hopitu:* "los pacíficos".
- Lengua: shoshone, de la familia uto-azteca.
- Establecidos en el nordeste de Arizona.
- Descendientes de pueblos que supuestamente venían del Norte, los hopis adoptaron las construcciones en adobe hacia el s. XII, fundando urbes como Oraibi y Mesa Verde. Labradores y cazadores de animales pequeños, desarrollaron una rica y compleja organización religiosa y cultural (culto katchina, Danza de la Serpiente...).
- Solidarios con otras tribus pueblos contra el invasor español, los hopis también promovieron una lucha incesante contra los navajos. A pesar del dominio español, se mantuvieron refractarios al catolicismo y permanecieron ligados a su cultura ancestral.
- Se estimaba que alcanzaban los 2.800 en 1680. Ahora pasan de los 9.000 en la reserva hopi.

Según E. Irving Couse, finales del siglo XIX.

Bailarín katchina.

Entre 1500 a. de J.C. y 1300 de nuestra era, comunidades de indios descendientes o herederos de los cochises desarrollaron culturas en la parte americana de la región del Suroeste.

Los Hohokams

Instalados en el valle del Gila al suroeste de Arizona, estos indios se distinguían por su capacidad de aprovechar los recursos de agua. Desarrollaron complejos sistemas de irrigación para sus campos de maíz; las regueras que conducían el agua eran profundas y estaban reforzadas con arcilla para limitar la evaporación y las pérdidas por infiltración. Unas pequeñas presas regulaban el caudal. Este sistema permitía producir dos cosechas anuales, una en primavera cuando los ríos crecían al derretirse la nieve de las montañas y otra a finales de verano. De temperamento pacífico, los hohokams eran hábiles artesanos que realizaban alfarería, conchas grabadas, escultura en piedra... Sin duda víctimas de la sequía, abandonaron sus poblados en el siglo XV. Los pimas y los papagos son probablemente sus descendientes.

Los Mogollons

Instalados en las montañas al sur de Nuevo México, los mogollons vivían de una forma más rústica que los hohokams. Su vivienda medio enterrada estaba adaptada a los marcados altibajos de temperatura que sufrían. Primitivamente cazadores y recolectores, también se volvieron hábiles labradores, aprovechando la proximidad de los torrentes de montaña para cultivar maíz, calabaza, judías... Diestros alfareros, los mogollons eran asimismo expertos en joyas, utilizando distintos materiales: turquesas de la región, cobre venido de México y conchas de la costa pacífica.

En los siglos XII y XIV, emigraron progresivamente hacia el Norte y adoptaron la cultura de sus vecinos, los anasacis, "los hombres de los acantilados". Los zuñis son descendientes de estos mogollons.

Los Anasacis

Ocuparon hacia el 1000 a. de J.C. una vasta región comúnmente llamada "los cuatro rincones", porque su centro geográfico era el punto de unión de los estados actuales de Utah, Colorado, Arizona y Nuevo México. Cazadores y, luego, labradores, se volvieron sedentarios, instalando sus casas de armadura de madera sobre las mesetas. Progresivamente, mejoraron la técnica y pusieron a punto un tipo de vivienda a base de adobe, ladrillos de barro cocidos al sol. En su apogeo en el siglo XIII, edificaron poblados trogloditas en la ladera de los despeñaderos (Mesa Verde, cañón de Chelly). No cabe duda que los anasacis eligieron tales emplazamientos con la intención de protegerse de las agresiones. Las mujeres se atareaban en las casas o se consagraban a los trabajos de alfarería y cestería. Los hombres cazaban, trabajaban en los campos o se reunían en la *kiwa* para tejer o discutir. La vida seguía su ritmo según las estaciones y las distintas ceremonias que imponían sus relaciones con los katchinas, esos espíritus que ostentaban tantos poderes y cuyos favores había que granjearse. ▲

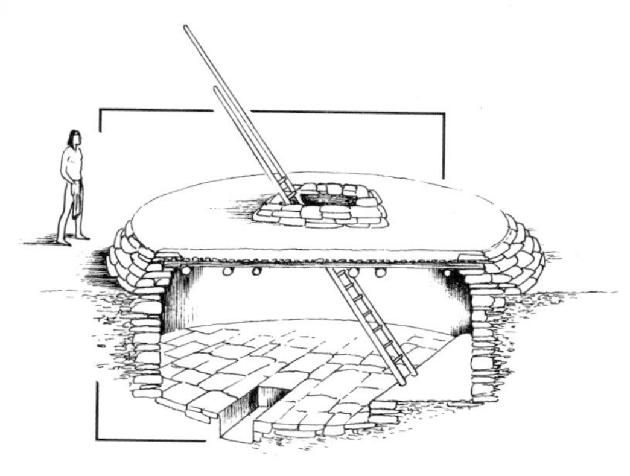

En cualquier aldea hay una kiwa, redonda o rectangular, medio o totalmente enterrada. En el suelo, un agujero, el sipapu, *marca el lugar donde llegan los espíritus del mundo subterráneo. La kiwa puede desempeñar varias funciones: centro de reunión o de trabajo para los hombres y recinto destinado al culto. Sólo se admiten las mujeres en ceremonias excepcionales.*

LOS ZUÑIS

- Deformación española de *Keresan Suny-yitsi*, de significado desconocido. Se autodenominaban *ashiwi*, "la carne".
- Lengua: zuñi, emparentado al azteca-tano.
- Establecidos en la orilla norte del curso superior del río Zuñi, afluente del pequeño Colorado al NO de Nuevo México.
- Los zuñis, un pueblo de labradores y expertos en alfarería, practicaban el culto katchina como los hopis. La sociedad se organizaba según cuatro niveles: los sacerdotes, encargados de interceder ante los poderes del más allá para provocar la lluvia, ocupaban la cima de esta jerarquía.
- Los zuñis llamaban su tierra *Shiwona* (o *Shiwinakwin*, "la tierra que produce la carne"). Participaron en la rebelión de 1680 y se reagruparon al término de esta guerra en el emplazamiento del actual Zuñi.
- 2.500 en 1680, los zuñis, hoy en día, pasan de los 7.700, instalados en las reservas de Nuevo México.

Según una fotografía, finales del siglo XIX.

LOS PUEBLOS

- Con este nombre los españoles designaron a los indios que vivían en viviendas construidas con adobe (ladrillos de tierra secados al sol). Estos pueblos, que utilizaban lenguas distintas, cohabitaban apaciblemente labrando sus tierras como venían haciéndolo desde hacía siglos.
- La llegada en 1540 de Francisco Vázquez de Coronado acabó con su tranquilidad, mediante el saqueo y la matanza. Progresivamente, misioneros y soldados españoles se instalaron, unos convirtiendo, otros subyugando. Los indios pueblos se rebelaron en 1680 contra el invasor, pero a finales del siglo XVII, los españoles se reasentaron.
- La mayoría de tribus pueblos vive en Nuevo México (jémez, keresan pueblos, piro pueblos, tewa pueblos, tiwa pueblos, zuñis...), otros en Arizona (hopis).

Según Joseph Sharp, 1893.

Aldea pueblo.

Llamado "león de las montañas" (Felis concolor) *por los americanos, este carnicero es más conocido con el nombre de puma. Es el felino norteamericano más grande. Si bien caza preferentemente cérvidos, no desestima otras presas: castores, roedores, liebres, pájaros e incluso coyotes. Excelente trepador, capaz de saltos impresionantes, hoy en día está amenazado de extinción, como tantos otros felinos.*

Los Rebeldes de las Montañas

Gerónimo (cuyo nombre verdadero era Goyathlay, "el que bosteza") nació en 1829 (o 1834) en Nuevo México. Hombre-medicina, se convirtió en jefe de los apaches chiricahuas e hizo la guerra a mexicanos y americanos hasta 1886. Murió en 1909.

Según varias fotografías, finales del siglo XIX.

Los Apaches

- De *apachu*, palabra zuñi que significa "enemigo". Se llamaban a sí mismos *inde* o *tinneh:* "el pueblo".
- Lengua: atapasco.
- Los dos grupos apaches poblaban Arizona, Colorado, Nuevo México:

  –al oeste: lipan apaches, jicarilla apaches ("cesto pequeño"), mescalero apaches, kiowa apaches.

  –al este: chiricahua apaches ("montaña"), tonto apaches, western apaches, White Mountain apaches.
- Los apaches constituían un conjunto heterogéneo y cada tribu se diferenciaba por la situación geográfica y la influencia de sus vecinos; así pues, los apaches del Este recibieron influencias de los indios de las Llanuras. Feroces guerreros, todos eran, salvo los kiowa apaches, notables cesteros.
- Venidos del Norte en el siglo X (ciertos autores avanzan la hipótesis de una migración muy anterior), mantuvieron una lucha constante contra los españoles y los comanches a partir del siglo XVII. Tras la anexión de Nuevo México, se signó un tratado en 1852 entre americanos y apaches... pero pronto se reanudaron las hostilidades bajo el mando de jefes tales como Mangas Coloradas o Cochise. Este último firmó un tratado en 1872. Tras una tregua de corta duración, los apaches volverán de nuevo a alzarse (1876-1886) con Victorio y Gerónimo como jefes.
- Reservas en Nuevo México, Arizona y Oklahoma. Estimados en 5.000 en 1680, hoy serán unos 10.000.

El abandono de los asentamientos trogloditas permanece un misterio. Probablemente, ciertos acontecimientos trastornaron la vida de los hohokams, mogollons y anasacis que coexistían en la región, y acarrearon migraciones, fragmentaciones de las comunidades o acercamientos de algunas tribus. ¿Acaso estos pueblos fueron víctimas de perturbaciones climáticas (sequía o fuerte pluviosidad)?, ¿o de la amenaza que ejercían en ellos otros hombres, agresivos y saqueadores? ¿Serían, esos predadores, los apaches, grupos que venían del Norte y cuya llegada a la región no está fechada con certeza? Intrusos en una vida apacible, los apaches eran cazadores nómadas. Se desplazaban rápidamente en pequeñas unidades y únicamente obedecían a sus impulsos al margen de toda autoridad, poblando montañas y desiertos. Para subsistir, agredían y saqueaban a los labradores. Frente a los invasores blancos, que resultaron ser todavía más depredadores que ellos mismos, los apaches fueron testigos de una hostilidad que jamás se debilitó en el transcurso de los siglos. Pero no fueron las únicas víctimas de esta lucha implacable: con ello, los pacíficos indios de las aldeas ganaron un nombre (pueblos) y perdieron su libertad.

Western apache, finales del siglo XIX.

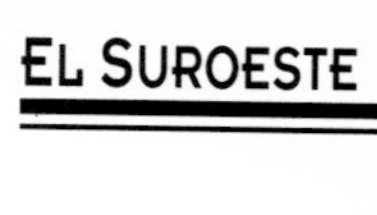

Según varias fotografías, finales del siglo XIX.

Según varias fotografías, finales del siglo XIX.

Esta larga y sangrienta historia comienza una mañana de mayo de 1539. Una poderosa tropa de varios centenares de indios se presenta en las inmediaciones del poblado zuñi de Hawikuh. Su jefe, que se atribuye poderes de brujo, se llama Estavanico.
Esta tropa es la vanguardia de una expedición enviada por Antonio de Mendoza, virrey de Nueva España, y conducida por el hermano Marcos de Niza. Estavanico, pretencioso y de cortos alcances, aborda a los zuñis con agresividad y se encuentra acribillado de flechas, acarreando la muerte de una buena parte de su escolta. Los supervivientes huyen y relatan la triste aventura a Marcos de Niza; éste avanza con prudencia y vislumbra de lejos un poblado zuñi que parece centellear con el sol poniente. A su regreso a México, ofrece la ardiente descripción de una urbe cubierta de oro... El virrey monta una expedición de gran envergadura cuya responsabilidad confía a Vázquez de Coronado. En busca de "las siete ciudades de Cíbola", marcando su recorrido con destrucciones y matanzas, Coronado llevará a cabo durante dos años su vana búsqueda de fabulosos tesoros a través de Arizona, Nuevo México y hasta Kansas. El fracaso de su expedición incitó a los españoles a cambiar de táctica. Sin poner punto final a sus brutalidades y extorsiones, se fijaron, a partir de entonces y durante un siglo, tres objetivos para asentar su autoridad en la región y mitigar la oposición apache: someter a los pueblos y convertirlos al cristianismo; hacerlos aliados contra los apaches; y dividir el país en zonas e implantar *presidios*, sólidas plazas fuertes dirigidas por soldados.
En otras palabras, los españoles jugaban con las rivalidades entre indios para asentar su dominio en la región, método que franceses e ingleses utilizarían a su provecho más tarde, en otros lugares. Esta política se llevó a cabo con éxito... pero los excesos cometidos con respecto a los pueblos, reducidos a la esclavitud, condujeron a su rebelión en 1680. Los españoles los sometieron definitivamente en 1694. ▲

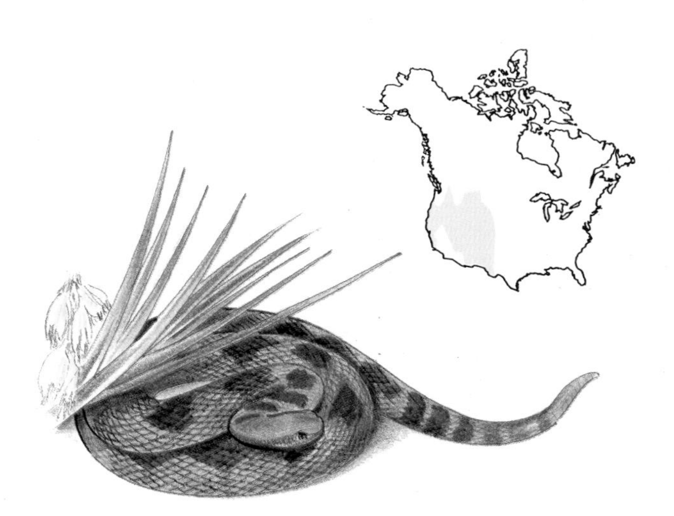

El crótalo Northern Pacific resulta una de las serpientes de cascabel más temibles. Puede llegar a 1,60 m y se alimenta de pequeños mamíferos y lagartijas.

Agricultores en Arizona

Según B. Mollhausen, 1853.

Los Navajos

- Se les designaba como los apaches de Navahuu (del nombre de un pueblo tewa cerca del cual vivían). *Navahuu* o *nauajo*, "grandes campos", pasó a navajo o navaho. Ellos se llamaban *dineh:* "el pueblo".
- Lengua: atapasco.
- Instalados en el noroeste de Nuevo México y el nordeste de Arizona.
- Más sedentarios que los demás atapascos, eran agricultores (maíz y fruta) y se volvieron eficaces ganaderos de ovejas. Los navajos dieron muestras de una excepcional habilidad en todos los campos de la artesanía: cestería, tejido, orfebrería...
- Procedentes del Norte como sus primos apaches, los navajos se dejaron influir más por las costumbres de los pueblos. Compartieron su rebelión de 1680. Insensibles a la actuación de los misioneros, continuaron luchando con los españoles. Los tratados de 1846 y 1849 no pusieron punto final a sus acciones. En 1863, el coronel Kit Carson, encargado de hacerles entrar en razón, masacró los ganados y encarceló a gran parte de la tribu. Liberados en 1867, los navajos pudieron regresar a sus tierras y finalmente se estableció la paz con sus vecinos.
- Repartidos en varias reservas (Arizona, Nuevo México y Utah), los navajos, hábiles y emprendedores, han enriquecido su comunidad gracias a la ganadería menor y a las ganancias de los yacimientos de petróleo perforados en sus tierras.
- Estimados en 8.000 en 1680, hoy en día superarán los 160.000, la población india más importante del continente.

A partir de mediados del siglo XVII, algunas cuadrillas apaches se instalaron en poblados siguiendo el modelo pueblo, combinando agricultura, caza y ganadería. Se convirtieron en los navajos para los españoles y, como sus hermanos apaches, irreductibles adversarios de la invasión de los hombres blancos. Su lucha no cesará hasta los últimos años del siglo XIX, hasta los enfrentamientos finales conducidos, en el caso de los navajos, por Narbona, Ganado Mucho y Manuelito, en el caso de los apaches, por Mangas Coloradas, Cochise, Victorio y Gerónimo. Su valentía jamás flaquea: los navajos ganarán con ello el derecho de regresar a su tierra tras varios años de exilio, mientras que los apaches se reparten por Arizona, Nuevo México y Oklahoma.

Los pimas, los papagos del sur de Arizona y los yumas en el extremo suroeste del mismo Estado vivieron una historia menos rica en peripecias pero igual de sangrienta. Derrotados en varias ocasiones por los españoles, y, más tarde, por los americanos, estos pacíficos labradores acabaron eligiendo la alianza con los blancos contra los apaches que les despojaban constantemente.

También ocurren los milagros de vez en cuando... Algunos indios vivieron al margen de la Historia y tuvieron la suerte de no ser descubiertos hasta 1776 por el franciscano Francisco Garcés. Bien ocultos en la depresión del cañón Cataract, los havasupais, o "pueblo del agua verdiazul", eran labradores y cazadores. Vivían en un pequeño paraíso de verdor... ¡y todavía siguen allí! ▲

Hogan navajo. El armazón de madera va recubierto con tierra o corteza.

Chamán navajo.

LOS YUMAS

- Contracción por parte de los españoles de *yahmayo*, "el hijo del jefe", título del heredero del poder de la tribu. Se llamaban a sí mismos *kwichana.*
- Lengua: yuma, emparentado a la familia lingüística hoka.
- Ocupaban el curso inferior del río Colorado.
- Elegantes por naturaleza, los yumas eran temibles guerreros. Eran cazadores, pescadores y también practicaban la agricultura de regadío.
- Conocidos por Hernando de Alarcón en 1540, a partir del siglo XVIII estuvieron en contacto con los demás exploradores y comerciantes españoles. Cedieron la mayor parte del territorio a los Estados Unidos mediante al tratado de Guadalupe Hidalgo en 1848.
- Estimados en 3.000 en 1776, actualmente se halla un millar de yumas en el valle del Colorado y en la reserva yuma (California).

Según Arthur Scott, 1855.

Habitáculo papago.

Tejido navajo.

El roadrunner (Grococcyx californianus) *es un ave corredora propia de la región del Suroeste. Incluso cuando se lo sorprende a descubierto, logra escabullirse mediante cambios bruscos de dirección. Adora los insectos, lagartijas, escorpiones y pequeñas serpientes.*

California
La Gran Cuenca
La Meseta

Al no constituir entidades tan significativas como las demás regiones en los planos geográfico, cultural o histórico, California y la Gran Cuenca se reagruparon a menudo y la Meseta se juntó con las Llanuras. Actualmente se las considera regiones que forman un todo debido a sus particularidades.

CALIFORNIA

Es la región más hospitalaria del continente norteamericano. El clima es cálido sin exceso, la tierra fértil y bien irrigada por una armoniosa red de ríos. Como única excepción, al Sur, el desierto de Mojaves constituye un enclave más árido, cercano a los paisajes de la Gran Cuenca. En California, la población india era relativamente densa y disfrutaba de unas condiciones de vida óptimas: caza abundante y vegetación rica y variada. Tenía a su disposición todos los materiales necesarios para la fabricación de armas y utensilios y para la edificación de las chozas. Esta población presentaba una gran homogeneidad de costumbres y de modo de vida a pesar de la importante diversidad de lenguas: más de cien dialectos vinculados a las familias atapasco, penuti y hoka. Estos pueblos se llevaban bien; se intercambiaban los productos y respetaban el territorio de los vecinos. Las ocasionales divergencias se arreglaban más bien mediante negociaciones que por las armas.

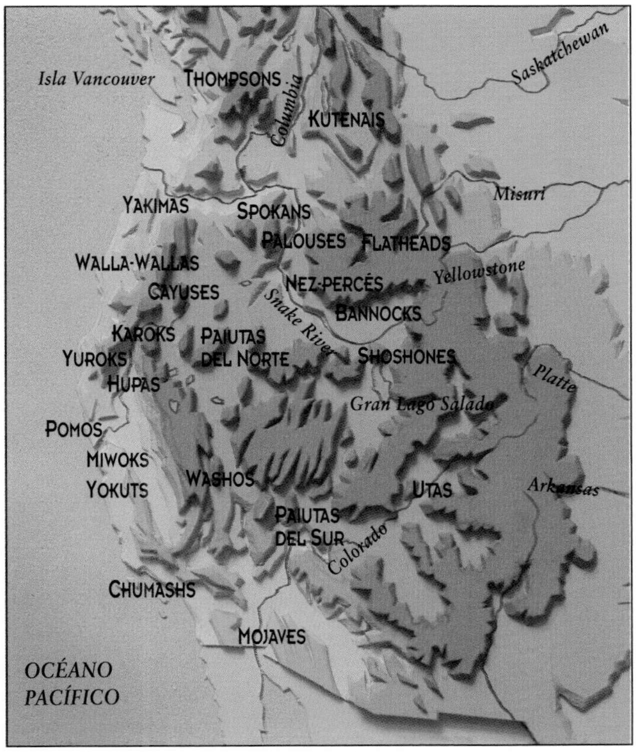

LA GRAN CUENCA

Esta región, que incluye la totalidad de Nevada y Utah, la mitad de los estados de Oregón, Idaho, Wyoming y Colorado, puede dividirse en dos partes:

a) La Gran Cuenca propiamente dicha, vasta altiplanicie situada a más de mil metros de altitud y limitada al Oeste por la Sierra Nevada (Monte Withney, 4.341 m), al Norte por el valle del río Snake y los montes del río Salmon, al Este por los montes Teton y Wasatch y al Sur por el Valle de la Muerte al borde del desierto de Mojaves.

b) Al Este, la meseta del Colorado con los ríos Green y Colorado, cercada de sistemas montañosos donde se encuentran varios picos que sobrepasan los 4.000 metros.

Estas fronteras naturales constituyen tales cortinas que hacen de la Gran Cuenca una de las regiones más áridas del mundo. El calor es intenso en un paisaje de arena y rocas. Alguna que otra fuerte tormenta mantiene el nivel de las lagunas y los estanques, pero lo esencial de la irrigación proviene de las montañas cuyos arroyos y torrentes van a alimentar, en verano, los pocos ríos.

LA MESETA

Limitada al Este por las Montañas Rocosas, comprende el sur de la Columbia Británica y una parte importante de los estados de Washington, Oregón, Montana e Idaho. Dos familias lingüísticas comparten la región: el grupo penuti/shahapti con las tribus nez-percés, cayuses, yakimas, walla-wallas, klikitats... y el grupo salish: corazones de lezno, flatheads, shuswaps, thompsons... La única tribu kutenai que vivía en los montes Selkirk no entraba en esta clasificación. Su lengua estaba aislada y algunos lingüistas la emparentaban con el wakash y el algonquino, otros con el atapasco.

La vida de todas estas tribus se organizaba en función de los ejes de comunicación que constituían las vías fluviales; en el norte, el Fraser y los ríos Bridge y Lillooet, en el sur el Columbia y sus numerosos afluentes. Resultaban una reserva inagotable de recursos alimentarios (salmones, esturiones, truchas...) para las tribus ribereñas; al facilitar la circulación y el intercambio de productos, también permitían constantes relaciones comerciales entre la costa del Pacífico y el interior. ▲

Pescador de salmón.

CALIFORNIA

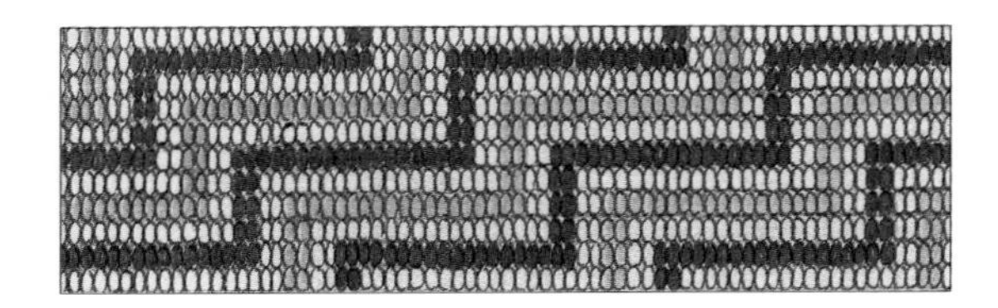

LOS HOMBRES DEL CIERVO

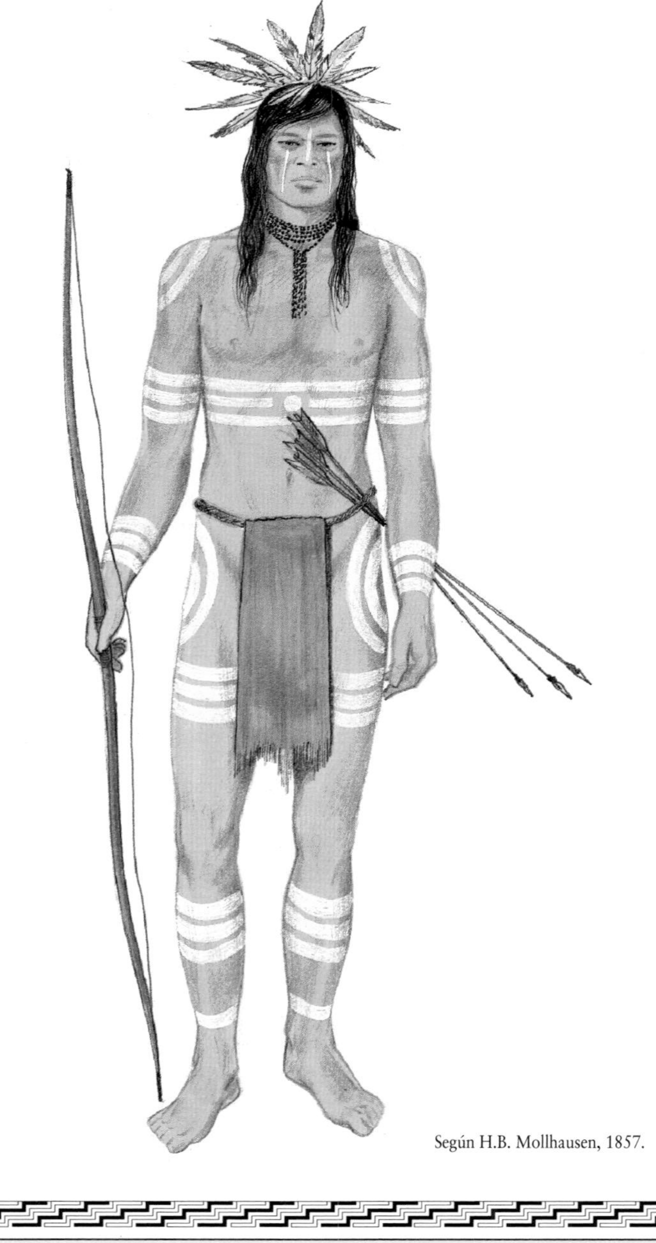

Según H.B. Mollhausen, 1857.

En el límite del desierto que lleva su nombre, los mojaves vivían a lo largo del curso inferior del Colorado. En una estrecha franja de tierra fértil, cultivaban maíz, judías, calabazas y completaban sus recursos alimentarios con cosechas de bayas, higos, raíces y, también, con la pesca y la caza del conejo. Dos particularidades distinguían a los mojaves de los demás pueblos californianos: una inmoderada propensión a la guerra, que hacían a los yumas, que vivían río abajo, y su afición por los intercambios comerciales. Los mojaves sentían curiosidad por las costumbres de sus vecinos, pero estaban poco dispuestos a modificar su modo de vida. En el sur de California, otras tribus de misma lengua hoka vivían en la costa: tipais, luisenos y chumashs. Los miembros de esta última tribu sobresalían en la pesca marina: perseguían ballenas, delfines, focas y nutrias marinas a bordo de piraguas calafateadas con asfalto. Armados con sus zaguales, tres o cuatro hombres arponeaban sus presas o las capturaban en las mallas de sus redes de algas marinas trenzadas. En las aguas bajas del litoral, disponían trampas para peces o empleaban plantas tóxicas que sumían a sus presas en estado de inercia. También hacían una gran recolección de ostras, mejillones y pechinas.

Más al Norte comenzaba el territorio de las tribus de lengua penuti (yokuts, miwoks, costanos), diseminadas en aldeas cuyas casas tenían forma de cúpula o cono, según el material que las cubrían (hierbas o madera). Las indias eran expertas en cestería y todas estas tribus vivían pacíficamente bajo la autoridad del más rico. Esta dignidad solía ser hereditaria y la podía asumir una mujer. ▲

LOS MOJAVES

- De *hamakhava*, "tres montañas", con referencia al macizo Needles.
- Lengua: hoka.
- Orillas del Colorado, entre Needles y la entrada del Black Canyon (Cañón Negro).
- Labradores. Los guerreros tenían fama por sus cualidades atléticas.
- Conocieron ya a los españoles a finales del siglo XVI. Tras varios episodios sangrientos con españoles y luego americanos, su territorio se convirtió en reserva en 1865.
- Población estimada en 3.000 en 1680. Eran 856 en 1937.

El ciervo wapiti (Cervus elaphus) *es principalmente un habitante de las Rocosas y California, aunque también se ubica en varios puntos del sur de Canadá y el valle del Ohio.*
Emparentado con el ciervo europeo, era una de las cazas predilectas para los indios. Sus cuernos proporcionaban a los hupas la materia prima para fabricar unas cucharas cuyo uso estaba reservado esencialmente a los hombres.

LOS MIWOKS

- "Hombres" en su lengua.
- Lengua: penuti.
- Región del parque Yosemite, al este del actual San Francisco.
- Cazadores y labradores.
- Al verse forzados a sufrir la presencia de las misiones, participaron en varias rebeliones. Los mexicanos arrasaron algunos poblados miwoks en 1843. Con el descubrimiento del oro, los mineros precisaron mano de obra, lo que les incitó a llevar a cabo expediciones poco amigables contra algunas tribus.
- Unos 11.000 en 1770, sólo varios centenares subsisten hoy en día.

Cabaña miwok.

Bailarín, según W.H. Rolofson, 1856.

Chamán, según Léon de Cessac, 1878.

LOS CHUMASHS

- Etimología desconocida. También llamados *Santa Barbara* o *Santa Rosa Indians.*
- Lengua: hoka.
- Costa meridional de California y varias islas del estrecho de Santa Barbara.
- Esencialmente pescadores. Los chumashs trabajaban la madera y la piedra con maestría; las mujeres se dedicaban a la cestería.
- Recibieron la visita del portugués Cabrillo en 1542. A partir de 1771, se instalaron cinco misiones de franciscanos en su territorio. Estas nuevas condiciones de vida condujeron a la rebelión de 1824.
- Estimados en 2.000 hacia 1770, actualmente su número se reduce a varias decenas.

LOS YOKUTS

- "Hombres" en su propio dialecto. Llamados también *mariposans.*
- Lengua: emparentada con el penuti.
- Valle de San Joaquín.
- Cazadores y labradores.
- Muchos se libraron de las misiones españolas, pero fueron víctimas de la expansión americana consecutiva a la fiebre del oro (1849).
- Tal vez unos 18.000 en 1770 y un millar en 1930.

Según Léon de Cessac, 1877.

PESCADORES Y CESTEROS

Según un grabado, finales del siglo XIX.

LOS POMOS

- "Hombres" en su dialecto. *Pomo* era también un sufijo asociado con nombres de poblados (ej. Ballokaipomo, Yokayapomo, etc.).
- Lengua: hoka.
- Región costera, al norte de San Francisco.
- Vivían de la recolecta (las bellotas constituían la base de su alimentación), caza y pesca y su habilidad era notoria: trabajos con conchas u objetos de espuma de mar. Las mujeres, variando técnicas y materiales, realizaban la cestería más elaborada de California.
- Se salvaron ampliamente de la influencia de las misiones franciscanas.
- Población estimada en 8.000 almas en 1770. Hoy quedará un millar.

Más al Norte se hallaba el país de los pomos, repartidos en tres grupos. El más importante vivía en la costa en una zona barrida por los vientos de mar adentro; el segundo grupo, más allá del bosque de secoyas, en el risueño valle del río Russian; finalmente el tercero, en la orilla del lago Clear (200 km^2), reserva inagotable de peces y lugar de paso para las aves migratorias, agradable superficie de agua rodeada de verdor. Estas distintas condiciones de vida no alteraban en absoluto la unidad cultural de los pomos, que habían puesto en circulación una especie de moneda para liquidar las transacciones con las demás tribus (cuerdas de fibra, puntas de flecha, pieles de foca, marisco...). Una de las riquezas de los pomos era la sal, que las aguas salobres dejaban en depósito en verano. Abastecían de este buscado producto a los otros indios a cambio de regalos... pero perseguían a los ladronzuelos sin piedad.

Todas las tribus de la región compartían los mismos rasgos dominantes: estructura social basada en la familia, sentido del territorio, primacía y autoridad concedidas a los más ricos, temperamento pacífico que prefería la negociación al enfrentamiento, intercambios comerciales activos entre tribus, que daban pretexto a expediciones en las que se juntaban el interés y la aventura. Asimismo los pomos del litoral comerciaban con sus hermanos del interior y los yuroks del río Klamath con los hupas del río Trinity.

Franciscanos y dominicanos, encargados por los militares de convertir a los indios a la "verdadera fe", fundaron veintiuna misiones de 1769 a 1820 (San Diego en 1769, San Francisco en 1776). Esta asociación del sable y la cruz se tradujo en una verdadera esclavitud de los indios. Forzados a abandonar sus aldeas, se reagruparon alrededor de las misiones y se volvieron agricultores sedentarios. Vivían en unas condiciones extremadamente duras; los tres cuartos desaparecieron en varias decenas de años, víctimas de epidemias y de muy malos tratos (trabajo agotador, alimentación insuficiente, látigo, cadenas, marcas con hierro candente, etc).

La independencia de México en 1823 señaló el fin de las misiones. Los ranchos americanos reclutaron a los jóvenes indios: en los años que siguieron, otros dueños, otras miserias, que nada atenuará. La fiebre del oro y la expansión americana precipitarán el declive de los indios de California a pesar de varias legítimas rebeliones. ▲

La codorniz californiana (Callipepla californica), *avecilla gregaria extendida por todos los Estados de la costa del Pacífico, desde la isla Vancouver a la baja California, se distingue por el pequeño copete negro que le adorna la cabeza. Su plumaje es gris azulado.*

Según un grabado, hacia 1850.

LOS YUROKS

- De *yuruk*, término karok que significa "río abajo".
- Lengua: emparentada con el algonquino.
- Curso inferior del río Klamath.
- Recolectores y pescadores. Conocidos por su temperamento pacífico.
- En contacto tardío con los blancos, tuvieron conflictos menores con colonos y buscadores de oro. Se salvaron gracias a la constitución de una reserva en su territorio (1855), hoy en día unida a la reserva hupa.
- Quizá unos 2.500 en el siglo XIX. Aproximadamente un millar en 1985.

Según John Daggett, finales del siglo XIX.

LOS KAROKS

- Probablemente de *karuk*, que significa "río arriba".
- Lengua: hoka.
- Curso medio del río Klamath.
- Cazadores y pescadores, su historia semeja a la de los yuroks, con quienes compartieron la reserva.
- 1.500 en 1770. Serán unos 2.000 en nuestros días.

Según Edward S. Curtis, principios del siglo XX.

LOS HUPAS

- Alteración por parte de los yuroks del nombre del valle Hoopa ocupado por esta tribu.
- Lengua: atapasco.
- Valles del Trinity y el New River, y curso inferior del río Klamath (Hoopa Valley).
- Sus aldeas reunían casitas de madera de cedro dispuestas alrededor de la choza de sudación. Las mujeres eran hábiles cesteras y los hombres escultores de madera dotados. La sociedad hupa, basada en la riqueza de los individuos, se regía por una codificación compleja: se arreglaban los distintos conflictos por la vía del compromiso e indemnizaciones.
- Al estar aislados en los valles, entraron tardíamente en contacto con los blancos (hacia 1850). Para evitar su pérdida, lograron que el gobierno les concediera una reserva a partir de 1864.
- Estimada en 1.000 a mediados del siglo pasado, probablemente la población se haya duplicado hoy en día.

La Gran Cuenca

Los Hombres del Coyote

Salvo los utas de la meseta del Colorado, las tribus shoshones, bannocks, paiutas, washos de la Gran Cuenca vivían a cubierto de las montañas circundantes, sin recibir la influencia de otras culturas. De temperamento pacífico, se dedicaban esencialmente a buscar comida. Esta búsqueda se llevaba a cabo en pequeños grupos de varias familias, con el fin de limitar las necesidades y la cantidad de bocas por alimentar. Se podían reunir varios grupos cuando llegaba un período de relativa abundancia.

Debido a esta dispersión en pequeñas unidades nómadas, la organización tribal era ligera y flexible; la familia permanecía la unidad básica. Para operaciones puntuales, ceremonias, caza o expedición guerrera, se designaba a un responsable. Elegido por la habilidad, los conocimientos o la valentía, su poder cesaba al final de la operación. Las decisiones se tomaban tras una consulta de los ancianos, conocidos por su sabiduría.

Cuando, a principios del siglo XIX, los americanos entraron en contacto con los indios de la Gran Cuenca, los llamaron por irrisión *diggers* pues, escarbando y hurgando el suelo, éstos consumían, a falta de nada mejor, raíces, insectos, gusanos, serpientes, lagartijas y pequeños roedores. De hecho, se contentaban con lo que la naturaleza les ofrecía, incluso cuando olvidaba ser generosa. Afortunadamente, se presentaban otras oportunidades: al acabar el invierno, proliferaban las tamias, precediendo el paso de las aves peregrinas –ocas, patos, zarapitos–, para quienes las lagunas y los estanques constituían etapas de su migración hacia el norte. Los indios colocaban señuelos para incitar las bandadas a posarse y, mediante unas embarcaciones de juncos, se acercaban discretamente a los pájaros y hurtaban huevos de los nidos. La proximidad del agua también propiciaba la recolección de retoños de espadañas y la pesca abundante de peces que, destripados y secados, se convertirían en reservas para los días difíciles.

En cuanto llegaba la estación más cálida, las tribus avanzaban progresivamente hacia emplazamientos más elevados para encontrar mejores condiciones de vida, aventura que reanudaban cada año porque, de un verano a otro, la caprichosa naturaleza transformaba el lago o el río en una ciénaga lodosa, o incluso en un simple rastro entre los peñascos. En el mes de septiembre llegaba el momento de recolectar las piñas de los pinos piñoneros. Estos hermosos árboles de 10 a 12 metros crecían en las laderas de las montañas entre los macizos de enebros. Pero como los árboles sólo producían cada dos o tres años, salían emisarios en busca de los mejores productores. Una vez localizados, hombres, mujeres y niños participaban en la recolecta de las piñas, uno de los productos básicos de su alimentación.

A finales de otoño, los indios bajaban otra vez hacia el desierto. Para ellos, era el momento de organizar la caza de la liebre desértica, el célebre *blacktail*. Aunque la batían durante todo el año, esta caza se hallaba, al acercarse el invierno, en temporada de máxima abundancia. Para lograr su empresa, los indios elaboraban unas redes de 100 a 150 metros de fibra de cáñamo. Las mallas de las redes dejaban pasar la cabeza y las orejas del animal, pero el cuerpo, no. Se disponían varias redes sucesivamente en un vallejo y los ojeadores dirigían a los animales hacia las trampas. ▲

El coyote (**Canis latrans**), *que se encuentra en gran parte del continente norteamericano, es capaz de recorrer más de 500 km de un trecho. Predador que suele hacer la competencia al hombre, gozaba del respeto de los indios de la Gran Cuenca, porque los advertía de la presencia eventual del puma.*

Estas tres plantas figuraban en el régimen alimentario de los indios de la Gran Cuenca:

A. La espadaña (Typha latifolia) *alcanza hasta 2,50 m de alto y crece en los terrenos montañosos. Se tomaban los retoños con ensalada o hervidos, y de las raíces se hacía harina.*

B. El camas (Camassia quamash) *es una variedad de liliáceas con unas preciosas flores azul violeta. El bulbo es comestible.*

C. La bitterroot (Lewisia rediciwia) *es una pequeña planta de flores malvas o blancas que abunda en las tierras de coníferas. Sus raíces son comestibles.*

Los Bannocks

- Alteración de su propio nombre: *bana'kwut.*
- Lengua: shoshone.
- Sureste de Idaho y región occidental de Wyoming y sur de Montana.
- Al disponer de caballos desde principios del siglo XVIII los bannocks cazaban el bisonte. Se desplazaban en pequeños grupos, vivían en cabañas de junco cubiertas de pleitas de hierba en verano y en pequeños refugios medio enterrados en invierno. También pescaban salmón. Hábiles cesteros.
- Los bannocks, orgullosos y esquivos, padecieron epidemias de viruela. Sus conflictos con los pies negros y nez-percés, luego con los blancos fueron incesantes. Derrotados por el ejército americano en el río Bear (1863), fueron asignados a la reserva Fort Hall (Idaho). Vana rebelión en 1878 bajo el mando de Buffalo Horn.
- Unos 5.000 individuos en 1829, los bannocks serán un millar largo hoy en día.

Según un documento de 1880.

Según un grabado de principios del siglo XIX.

Los Shoshones

- Nombre de origen incierto. Podría significar "en el valle". Ciertas tribus vecinas los designaban en sus lenguas con nombres como "los que viven en chozas de hierba", pero para la mayoría y para los europeos eran "las serpientes" o el "pueblo de las serpientes".
- Lengua: shoshone.
- Los shoshones del norte ocupaban el Idaho oriental, el oeste de Wyoming y el nordeste de Utah, cerca del Gran Lago Salado. Los shoshones del oeste se hallaban al sur de Idaho, suroeste de Utah y norte de Nevada.
- Los del Norte vivían, como los indios de las Llanuras, de la caza de bisonte. Dieron a conocer el caballo a bastantes tribus vecinas: pies negros, crows, nez-percés, etc. Los del Oeste, más sedentarios, se dedicaban sobre todo a la recolecta y a la pesca de salmón.
- En conflicto permanente con sus vecinos, los shoshones comprendieron antes que ellos la ineluctable victoria de los blancos. Su neutralidad sirvió a sus intereses. Dado que incluso proporcionaron exploradores a los "casacas azules", obtuvieron la soberbia reserva de Wind River (Wyoming).
- Los shoshones, unos 4.500 en 1845, prácticamente alcanzan el mismo número, con un fuerte índice de mestizaje.

Según C.C. Nahl, 1866.

A ORILLAS DEL COLORADO

Los paiutas confeccionaban cestos cónicos para recolectar las piñas del pino Singleleaf propio de Nevada o del pino Colorado, más extendido en Estados como Utah, Arizona y Nuevo México.

La aparición del caballo modificó el modo de vida de los utas del Colorado. A partir del siglo XVII, hicieron incursiones en la gran llanura para cazar bisontes. Sus costumbres se volvieron más guerreras. En contacto con los españoles, estuvieron a favor de conflictos con los comanches, apaches y navajos. Los otros indios de la Gran Cuenca permanecieron aislados más tiempo. Pocos blancos se aventuraron en una región tan desolada, hasta la llegada de los mormones, los "Santos de los últimos días" conducidos por Brigham Young en 1847. Las relaciones con estos recién llegados que se instalaron cerca del Gran Lago Salado degeneraron muy rápidamente, dando lugar a desórdenes y enfrentamientos. Simultáneamente, otro acontecimiento trastornaría el Oeste americano: en el 24 de enero de 1848, se descubrió oro en California en el aserradero del capitán John Sutter. En varios meses, la noticia se extendió como la pólvora y una oleada de prospectores, desvalidos y aventureros, se precipitó hacia California y Nevada, donde también se había encontrado oro y plata. Esta "fiebre del oro" rompió enseguida el equilibrio de la región: muy pocos prospectores hallarían la fortuna al final del camino. En cuanto a los indios, condenados a la huida o a la miseria, murieron muchos de las enfermedades de los blancos: solamente el cólera causó más de dos mil víctimas. En 1872, se encontró mineral de plata en las tierras de los utas, en la sierra de San Juan. Prospectores y colonos emprendieron una campaña incansable para expulsar a los indios de la región. Con el jefe Jack al mando, los utas se rebelaron. En septiembre de 1879, lograron infligir graves pérdidas a la caballería americana (batalla de Milk Creek) antes de tener que deponer las armas, como todos sus hermanos. ▲

Según una fotografía de 1860.

Choza paiuta.

LOS PAIUTAS

- Su nombre podría significar "los verdaderos utas".
- Lengua: shoshone.
- La rama norte de paiutas vivía al norte de Nevada y sureste de Oregón; la rama sur, al sur de Nevada y al sureste de Utah.
- Organizados en pequeños grupos autónomos, vivían, en el siglo XIX, en una fase cercana a la Edad de Piedra.
- Curiosamente, cuando prospectores de oro y colonos se abalanzaron a la ruta del Oeste después de 1850, los mormones, poco deseosos de la irrupción, armaron a los indios. Se atribuyeron reservas a los paiutas del norte a partir de 1865 y a los del sur, al cabo de unos decenios. Se unieron a la rebelión de los bannocks en 1878.
- De 5 a 6.000 individuos en 1985 en reservas de Nevada (Duck Valley, Pyramid Lake, Walker River) y ranchos californianos.

El blacktail jackrabbit (**Lepus californicus**) *está más emparentado a la liebre que al conejo. Abundante en todo el Oeste americano, se distingue de las demás especies por su colita ribeteada de blanco.*

Según una fotografía de 1868.

LOS UTAS

- Su nombre y todas las variantes (utes, utaws, utsias, youtas, etc.) podrían ser una alteración de su propio nombre *notch* (sentido desconocido). Ciertas tribus les llamaban "hombres negros" o "pueblo negro".
- Lengua: shoshone.
- Centro y oeste de Colorado para los utas del este; utah oriental para los del oeste.
- Pueblo notorio por su agresividad, muy vinculado a los shoshones y bannocks, respondieron a la invasión blanca con el robo de ganado y caballos. Se dedicaban a la caza de bisonte.
- Gracias a la influencia del jefe Ouray, pacificaron las relaciones con los blancos progresivamente, dejando aparte una rebelión en 1879 (batalla de Milk Creek).
- Estimado en 4.500 en 1845, su número alcanzaba los 2.000 en 1937.

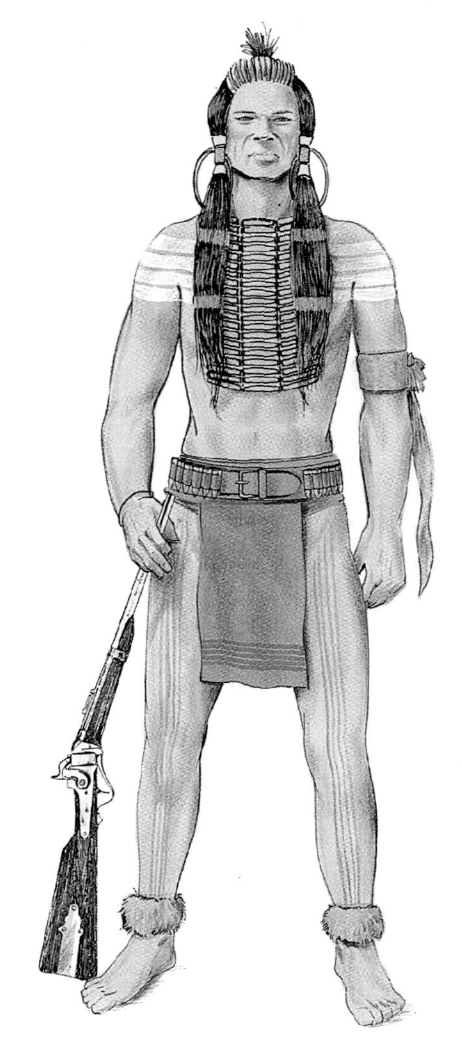

Según Edmund O'Beamon, 1871.

LOS WASHOS

- De *washiu:* "persona".
- Lengua: hoka.
- Oeste de Nevada.
- Conocidos por sus dotes de cesteros.
- Derrotados por los paiutas que los rechazaron hacia la región de Reno (1862). El gobierno les propuso dos reservas que los colonos blancos ocuparon incluso antes de poder instalarse ellos (1865).
- Un millar de individuos en 1845, 600 en 1937.

Según una fotografía de 1890.

Las tamias, llamadas comúnmente ardillas terrestres o "suizas" por los autores antiguos (por su piel rayada), son animalitos que frecuentan los bosques de coníferas y se alimentan de avellanas, granos, frutas y bayas.

La Meseta

Los hombres del salmón

Tradicionalmente, los salishs del litoral comerciaban con sus hermanos de lengua que vivían en el interior de las tierras. Pero los intermediarios más activos eran los chinooks, red de pequeñas tribus autónomas repartidas por el curso inferior del Columbia. Encabalgados entre dos regiones diferentes, los chinooks se dedicaban a dos actividades: la pesca del salmón y el comercio. Bajo su control, se trocaban pieles, pescado seco, aceite de pescado, marisco, cestería... y esclavos.

En las cercanías de la confluencia entre los ríos Columbia y Deschutes se situaban los puntos de encuentro. Las negociaciones se llevaban a cabo en una lengua compuesta, mezcla de salish, chinookan y nootka. Esta jerga, comúnmente llamada "chinook", integró palabras en francés e inglés a partir de que los blancos fueran parte interesada en este comercio a principios del siglo XIX... Presencia lógica puesto que, a partir de 1775, había barcos que hacían escala a lo largo de la costa y trocaban con los nootkas y los makahs productos de fabricación europea. De este modo, indios que jamás habían visto a blancos tenían en sus manos utensilios de metal.

Causa o consecuencia de esta vocación comercial, la región, lugar de paso entre el Norte y el Sur, era un mosaico de culturas. Algunas tribus del oeste de la Meseta recibían la influencia de las sociedades muy estructuradas de las tribus de la costa pacífica; otras, al este de la Meseta (kutenais, corazones de lesno, flatheads, nez-percés, yaquimas y cayuses) habían adoptado en gran medida el modo de vida de los indios de las Llanuras, centrado en la caza de bisontes.

Únicamente las tribus de lengua salish del centro de la región (shuswaps, thompsons, lakes, sanpoils, spokans) llevaban una vida al margen de toda influencia externa, de acuerdo con las estaciones y la necesidad siempre constante de abastecer a la comunidad de alimentos. A partir de la primavera, hombres y mujeres se dispersaban por la naturaleza, unos para cazar conejos o pescar algunos peces, otros para recolectar las primeras raíces o plantas comestibles. En el mes de abril, abandonaban los campamentos de invierno y las tribus se instalaban durante el buen tiempo en las cercanías de un río.

Localizaban cuidadosamente los mejores lugares para pescar y los preparaban para tender trampas o arponear el máximo de peces que remontaban hacia los desovaderos. Excavaban los pasos más angostos y los tapizaban con piedras y guijos blancos para poder advertir mejor el furtivo destello del salmón que remontaba la corriente. En ciertos parajes propicios al arponeo, los indios instalaban aplomos de madera; en otras partes, construían presas. La pesca proseguía durante todo el verano hasta el final del período de desove.

Al llegar el otoño, los indios regresaban a los campamentos de invierno, formados por unas chozas medio enterradas, cubiertas de hierbas secas y ramas y concebidas para resistir las crudezas de la estación fría. Almacenaban cuidadosamente la leña y los alimentos. Durante el invierno, los indios se alejaban poco del campamento. Las mujeres se dedicaban a trabajos de cestería y confección y los hombres repartían el tiempo entre el juego y las breves salidas para cazar. El solsticio de invierno daba ocasión a fiestas y danzas para granjearse los espíritus y darse aliento para esperar, confiados, el regreso de la primavera. ▲

***Varias especies de salmónidos pueblan los ríos de la costa del Pacífico. El salmón chinook* (Oncorhynchus tshawytscha) *figura entre los más extendidos. También es una presa muy apreciada por los pescadores, con el salmón sockeye* (Oncorhynchus nerka) *y el salmón coho* (Oncorhynchus kisutch).**

LOS SPOKANS

- Etimología incierta. Podría significar "pueblo del Sol".
- Lengua: salish.
- Este del estado de Washington.
- Pescadores y cazadores de cualquier presa, como por ejemplo el bisonte.
- Resistieron al ejército americano durante dos años, hasta el tratado de Fort Elliot en 1855.
- Sus descendientes viven en reservas en los estados de Montana y Washington. Unos 2.000 hacia 1780, 847 en 1937.

Según Paul Kane, 1847.

Según James Teit, 1900.

LOS THOMPSONS

- Nombre dado por los blancos, con referencia al río Thompson. La tribu se llamaba *ntlakyapamuk* (significado desconocido).
- Lengua: salish.
- Valles de los ríos Thompson y Fraser (Columbia Británica).
- Pescadores y cazadores (caribú, gamo y alce).
- Fueron diezmados sobre todo por la irrupción de mineros en su territorio (1858) y por epidemias de viruela en los años siguientes.
- Los thompsons continúan viviendo en estrechas parcelas. Quizá 5.000 hacia 1780, el censo de 1906 dio 1.776.

En el corazón de las Rocosas

Según una fotografía, finales del siglo XIX.

Los caballos, ahuyentados del continente por la última glaciación, regresaron al Nuevo Mundo con los barcos de los Conquistadores. Al principio, los indios creyeron que hombre y bestia eran sólo, tal que el centauro de la mitología griega, un mismo ser. Pero enseguida el miedo dio paso a la curiosidad. Los primeros indígenas que adquirieron caballos fueron los comanches, que los trocaban con esclavos. En 1680, cuando los españoles luchaban con los pueblos, se escapó una gran cantidad de animales, que pudieron cruzar los confines de Nuevo México y proliferaron con rapidez. Luego, se extendieron por la gran pradera y la poblaron. En el curso del siglo XVIII, mediante el trueque y el robo, todas las tribus integraron gradualmente el caballo en sus modos de vida: primero los navajos, apaches, utas, seguidos de los osagas, kiowas, cheyenes, arapahoes, luego los pawnees, crows, shoshones, dakotas, mandanas, y, finalmente, los crees, ojibwas, pies negros y nez-percés. Este "perro sagrado" se convirtió en un elemento preponderante de la vida cotidiana de las tribus: acémila, recorría grandes distancias, arrastrando cargas pesadas con correas; ¡mejor aún, podía llevar a un jinete!

Esta migración de un siglo iba a transformar la especie: el caballo andaluz (jinete o berberisco), procedente de las razas árabe y númida, fino y fogoso, tuvo que afrontar las crudezas del invierno y los ataques de los lobos. Se puso en funcionamiento una selección natural a favor de los más resistentes: la especie perdió unos centímetros de la cruz y ganó un nuevo nombre, mustang (del español antiguo *mestengos*, "sin dueño"). Hacia 1800, dos millones de caballos de esta clase vivían en libertad.
En aquella época, llegó a la región de la Meseta. La especie encontró en el valle del Columbia las condiciones ideales para su completo desarrollo. Los yakimas controlaban inmensas manadas; los nez-percés resultaron ser unos ganaderos y domadores sin par; los cayuses (cuyo nombre adoptarán los blancos para designar a los ponis indios) difundieron esta ganadería, entre otros el célebre caballo *appaloosa* omnipresente entre las tribus ribereñas del río Palouse. ▲

Los Walla-Wallas

- El nombre significa "pequeño río".
- Lengua: shahapti/penuti.
- Curso inferior del Walla Walla (sureste de Washington y nordeste de Oregón).
- Cultura tradicional centrada en la pesca.
- Participaron en la lucha de las tribus de la Meseta, de 1853 a 1858.
- Descendientes instalados en la reserva Umatilla (Oregón). Población estimada en 1.500 en 1780; eran 631 en 1937.

Según una fotografía, finales del siglo XIX.

LOS PALOUSES

- Etimología y sentido desconocido.
- Lengua: shahapti/penuti.
- Establecidos en las inmediaciones del río Palouse (Washington e Idaho).
- Aliados con los nez-percés, cazadores de bisonte.
- De 1848 a 1858, resistieron con otras tribus a la presión blanca. Fueron los últimos que combatieron y, aunque incluidos en el tratado de 1855, se negaron a vivir en reservas.
- 1.600 en 1805, se computaron 82 en 1910.

LOS CAYUSES

- Significado desconocido. Su propio nombre era *wailetpu.*
- Lengua: wailatpu, rama del shahapti.
- Ocupaban el este de Oregón.
- Cazadores de bisonte.
- Lucharon ferozmente de 1847 a 1849 (Guerra de los cayuses), y luego desde 1853 hasta la batalla de Grande Ronde (1856).
- Instalados en una reserva con los umatillas en Oregón. 500 en 1780, 370 en 1937.

Según una fotografía, finales del siglo XIX.

LOS YAKIMAS

- El nombre significa "fugitivos". Ellos se llamaban *waptailmin*, "pueblo del río angosto".
- Lengua: shahapti/penuti.
- Curso inferior del Yakima (Washington), no muy lejos del actual Seattle.
- Pescadores y cazadores tradicionales. Muy vinculados con los nez-percés, también cazaban bisontes.
- Como sus vecinos, se opusieron a la invasión de sus tierras y lucharon, de 1853 a 1859, con su jefe Kamaïkin. Al ser vencidos, se sometieron al tratado de Fort Elliot e integraron una reserva en Washington.
- 3.000 en 1780. Población actual imposible de evaluar, dado que su reserva está abierta a otras tribus (klikitats, palouses y wascos).

Según una fotografía, finales del siglo XIX.

El águila real (Aquila chrysaletos) *puede llegar a 2,40 m de envergadura. Reina en los picos rocosos y recorre los cañones en busca de conejos y pequeños roedores. Pero, a falta de sus presas favoritas, no desecha las carroñas.*

CABEZAS CHATAS
Y
NARICES HORADADAS

Según George Catlin, 1832.

Aunque los blancos penetraron tardíamente en la meseta, su presencia ya se hacía notar a partir de finales del siglo XVIII, por los productos que llegaban a las tribus del valle del Columbia y, también, por desgracia, por las epidemias. Se cita una tribu de sanpoils asolada por la viruela en 1782, enfermedad transmitida por mercancías venidas de la costa y que mató a la mitad de la comunidad. La gripe, el sarampión y el cólera también causaron estragos. En 1805, la expedición Lewis y Clark guiada por Sacajawea, mujer shoshone, conoció a los nez-percés y a las tribus más importantes de la región. Los exploradores mencionaron a su regreso la hospitalidad de los indios de la región. Se establecieron relaciones comerciales en la frontera, con gran satisfacción de todos.

Durante los siguientes años, una cantidad cada vez más numerosa de emigrantes tomaron la "pista de Oregón" y los indios fueron considerados unos vecinos fastidiosos. El gobierno negoció una serie de tratados con las tribus cuya finalidad era desposeerlos gradualmente de casi la totalidad de sus tierras. Los yakimas se rebelaron en 1855. En 1860, se descubrió oro en el territorio de los nez-percés: hubo una oleada. Los nez-percés ya sólo poseían la octava parte de las tierras garantizadas por el último tratado de 1855... y el gobierno hizo presión para transferirlas. La tribu se alzó en 1877 bajo el mando del jefe José. Éste, vencido al año siguiente, se rindió con 418 supervivientes, entre los cuales 87 guerreros. Deportados a Oklahoma, 103 murieron de malaria. Cuando, en 1885, gracias a la intervención del general Miles que les había vencido, el gobierno autorizó su regreso al Noroeste, sólo quedaban 257 alrededor del jefe José de una poderosa tribu de 3.300 almas diez años antes. ▲

El jefe José (1840-1904), de verdadero nombre Hinmaton Yalatkit (Trueno que viene de las aguas, más allá de las montañas), *recibió el apodo por el misionero Spalding. Jefe de guerra clarividente y valeroso, condujo a los nez-percés en su rebelión final. La nobleza de su comportamiento mereció el respeto de todos sus adversarios.*

LOS NEZ-PERCÉS

- Nombre empleado por los franceses para designar a los grupos ciertos miembros de los cuales llevaban en la nariz una pechina de adorno. Más tarde, el uso de este nombre se conservó únicamente para esta tribu. Se llamaban *nimipu*: "el pueblo".
- Lengua: shahapti/penuti.
- Gran parte de Idaho y nordeste de Oregón (valles del Snake y Clearwater).
- Cazadores del bisonte.
- A pesar de ser pacíficos, se opusieron a las acciones de los tramperos entre 1830 y 1840. Cedieron gran parte de su territorio en el tratado de Walla Walla (1855), pero los buscadores de oro invadieron su reserva en 1860. Tras el tratado de 1863, sólo conservaron la reserva de Lapwaï. En 1877, la decisión de abrir el valle del Wallowa provocó la rebelión de los nez-percés, dirigidos por el jefe José. Su trágica odisea llegó a su fin en 1878.
- Población estimada en 4.000 en 1780. Dos siglos más tarde, 2.015 nez-percés viven en la reserva Lapwaï (Oregón).

El oso negro (Ursus americanus), *a pesar de ser objeto de veneración por parte de los indios, era cazado por su piel, indumento de jefes y chamanes. La grasa formaba uno de los componentes de una pasta antimosquitos y las garras, usadas como adorno, poseían poderes misteriosos.*

LOS KUTENAIS

- Alteración de uno de sus nombres, *kutonaga*, por sus enemigos pies negros. Los nez-percés y los salishs les llamaban "hombres de agua".
- Grupo lingüístico aislado.
- Sureste de la Columbia Británica, noroeste de Montana y nordeste de Washington.
- Cazadores de bisontes.
- Enemigos de los pies negros, tuvieron relaciones bastante cordiales con los blancos.
- Estimada en 1.200 en 1780, una parte de su población ocupa actualmente una reserva en Canadá (549 en 1967) y, otra, en Idaho (123 en 1985).

Según James Teit, finales del siglo XIX.

Según una fotografía de 1884.

LOS SALISHS (O FLATHEADS)

- La tribu salish es más conocida con el nombre *flathead*, "cabeza chata", que los blancos empleaban respecto a las tribus que deformaban el cráneo de los niños con un vendaje en la frente. Confundidos por la presencia de chinooks (sin duda esclavos) en las tribus salishs, los tramperos canadienses apodaron así a este pueblo, cuando ni siquiera practicaban semejante mutilación.
- Lengua: salish.
- Vivían en el oeste de Montana.
- Cazadores de gamos y bisontes.
- Los flatheads, inexorablemente rechazados hacia el oeste por sus enemigos los pies negros, vivieron en paz con los blancos. Cedieron su territorio al gobierno en 1855 a cambio de la concesión de una reserva en Montana.
- 600 individuos a principios de este siglo.

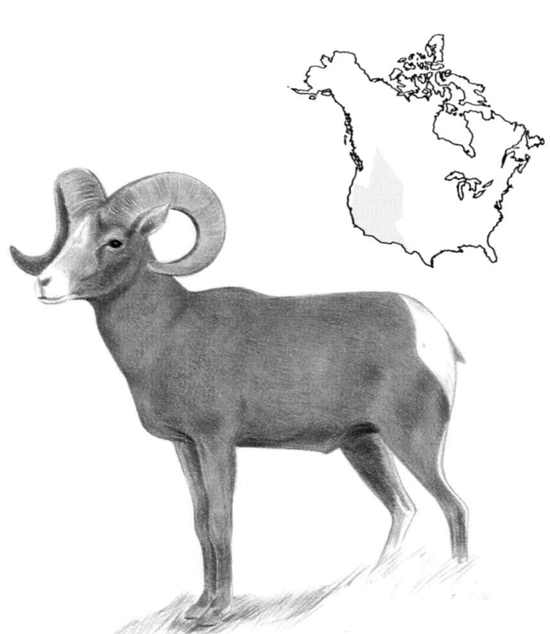

El bighorn o carnero de las Rocosas (Ovis canadensis) *es un animal gregario, excelente trepador y buen nadador. En verano, becerros y ovejas forman manadas de unas diez cabezas. En invierno, descienden hacia los valles con los moruecos. Es cuando la especie se vuelve más vulnerable ante los predadores (lobos, coyotes, osos y linces). Porque, durante el buen tiempo, en lo alto de las escarpas, sólo las águilas reales constituyen una amenaza.*

LA COSTA NOROESTE

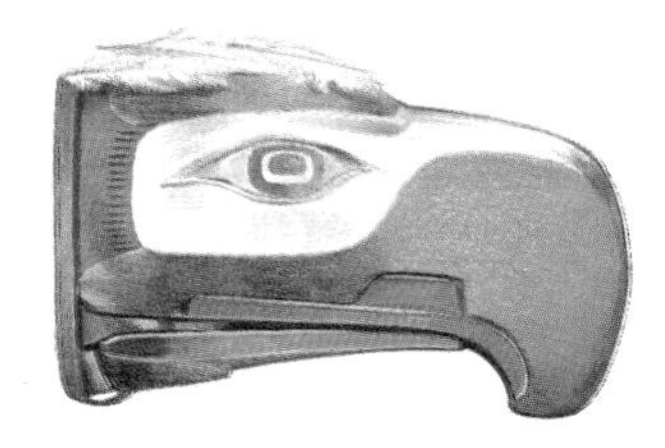

LOS HOMBRES DE LA ORCA

La región "costa noroeste" tiene unos 200 kilómetros de ancho y se extiende por cerca de 2.300 kilómetros de Norte a Sur, desde la bahía Yakutat de Alaska hasta la frontera actual de los estados de Oregón y California en los EE.UU. Esta región, de superficie reducida comparada con la de las Llanuras o la del Subártico, marginal en cuanto al conjunto del continente norteamericano, es, en realidad, una de las más importantes y misteriosas del mundo indio.

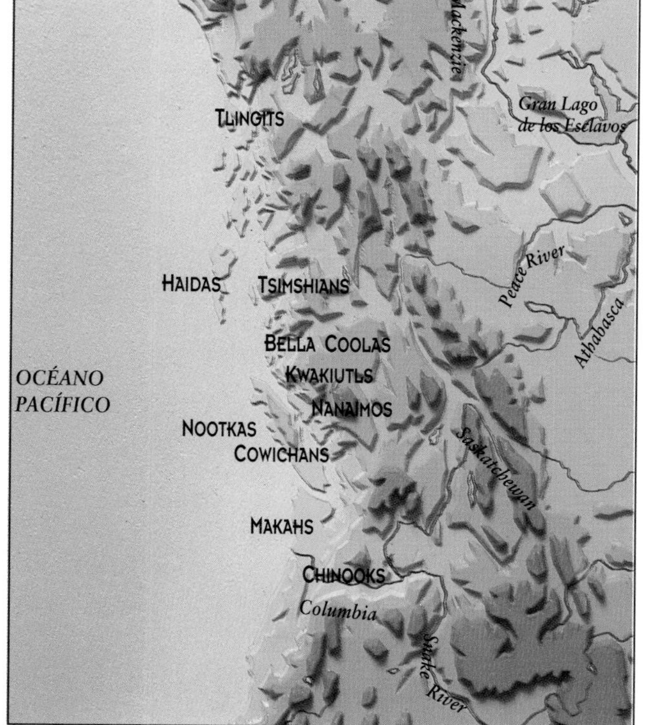

Es probable que algunos de los pueblos que vivían en esta costa, tales como los de lenguas salish y penuti, siguieran al principio las mismas vías migratorias que los demás indios a través de las regiones septentrionales de Canadá y luego los valles de los ríos que desembocan en el Pacífico. ¿Pero de dónde venían los otros cuya lengua no se habla en ninguna otra parte y que desarrollaron una cultura tan particular? La hipótesis lógica sería la migración de pueblos de marinos venidos del Norte, de las costas de Alaska o tal vez de Japón o Kamtchatka, por las islas Kouriles y las Aleutianas, llevados por las corrientes que siguen esta trayectoria. Hipótesis gratuita que hasta la fecha ninguna prueba ha podido corroborar: los vestigios son muy escasos debido a la humedad de los terrenos, fatal para los objetos de madera, único material utilizado. Los indicios hallados demostraron simplemente una presencia humana en esta costa, 10.000 años a. de J.C.

A falta de descifrar el enigma de su origen, huelga constatar el interés capital de la cultura de estos pueblos. Habían elaborado una sociedad muy jerarquizada; el acceso a un rango superior podía hacerse por herencia, pero la posesión de riquezas era un elemento de igual importancia. Éstas eran una prueba de ardor en el trabajo, habilidad o valores guerreros, e iban a los que las merecían, quienes se apresuraban a volver a darlas. Esta sorprendente redistribución de bienes se hacía ceremoniosamente durante los *potlatchs*. Todo evento importante daba lugar a un potlatch (instalación en una nueva vivienda, acceso a una dignidad, entierro...); se invitaba a los dignatarios de otros clanes dando muestras de la mayor generosidad para afirmar de este modo la superioridad del clan. Un potlatch duraba varios días y llegaba a reunir a centenares de invitados que había que alimentar y alojar. Tras las ceremonias de bienvenida, los festines, las danzas, se remataba la obra con el reparto de regalos, discursos de los invitados que rendían homenaje al anfitrión y le agradecían su prodigalidad, los mismos invitados que, de vuelta a su poblado, se apresurarían a organizar un potlatch para, a su vez, demostrar su grandeza. Una fiesta tal requería meses de preparativos para los cercanos al organizador, los miembros de su clan y los esclavos a su servicio –esclavos que podían estar en la lista de regalos al lado de una piragua, una piel de foca o un barril de aceite de ballena–. Este sistema de valores que asociaba estrechamente la dignidad de un personaje con los bienes en su posesión, el reconocimiento de su rango y su capacidad de distribuir sus riquezas, inspiraba todo el equilibrio de la sociedad india de la región. ▲

La orca (Orcinus orca), *mamífero cetáceo, también recibe el nombre de "asesina de ballenas". Alcanza los 9 metros de largo y su voracidad es extrema: peces, pulpos, tortugas y aves marinas componen sus presas habituales. Es frecuente su representación sobre los tótems de los indios de la costa del Pacífico.*

Los escultores de Thuya

Las canoas marinas de los haidas, talladas en troncos de thuyas (cedro rojo), tenían a veces una longitud de 18 metros. A bordo cabían unos cincuenta hombres.

Los Haidas

- Nombre derivado de *xa'ida*, "pueblo".
- Lengua: grupo lingüístico aislado.
- Establecidos en las islas del príncipe de Gales y la reina Carlota.
- Pescadores. Extraordinarios escultores de madera, hábiles comerciantes y temibles guerreros.
- Los haidas fueron visitados sucesivamente por los navíos de Juan Pérez (1774), Bodega (1775) y La Pérouse (1786). La viruela los asoló duramente.
- Unos 8.000 en 1760, eran 1.500 en 1968.

El tótem (del algonquino ototeman, *"es pariente mío") generalmente realizado a partir de un tronco de thuya, narra la historia de una familia o un clan y muestra el animal con que se les asocia.*

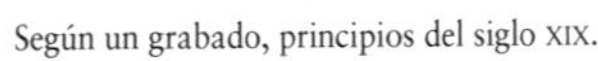

Según un grabado, principios del siglo XIX.

Desde el Norte hasta la latitud de la isla de Vancouver, la costa está recortada y escarpada por los últimos relieves de las montañas Rocosas. Antaño un bosque denso cubría el paisaje hasta la orilla del agua, donde los indios instalaban sus poblados. Estos hombres extraían del mar lo esencial de sus recursos alimentarios y del bosque circundante el material indispensable para la construcción y la artesanía. La agricultura, pues, no entraba en su modo de vida.

La temporada de pesca comenzaba en el curso de la primavera y terminaba en septiembre. En el mar, rebosaban los peces (arenques, atunes, eperlanos...) y numerosas especies de mamíferos marinos se ofrecían a los pescadores: focas, nutrias, leones marinos, delfines... Una ballena en la orilla era una ganga porque únicamente los nootkas y los makahs se atrevían a aventurarse en alta mar para cazar el cetáceo más grande. Al borde del mar, la pesca se completaba con recolectas importantes de moluscos (mejillones, almejas) y huevos de aves marinas.

Al final de la primavera, los ríos eran invadidos por los salmones realizando la migración anual, que remontaban hacia las zonas de desove. Esta pesca movilizaba hombres y mujeres durante el buen tiempo: abandonaban los poblados y se instalaban a lo largo de los ríos. Como sus hermanos de la Meseta y los aleutos de Alaska, los indios de la costa se valían de todos los medios posibles para atrapar el máximo de presas: arpones, nasas, presas... Una ceremonia saludaba la primera toma: en numerosas tribus, los indios creían que algunos hombres muertos se reencarnaban en salmones para ir a alimentar a sus hermanos vivos; semejante ceremonia les incitaría a volver al año siguiente. Las mujeres se encargaban de limpiar los pescados y dejarlos secar en cañizos. Al llegar el otoño, sólo se practicaba la pesca del bacalao y el rodaballo. Era también el período en que los indios se volvían hacia el bosque para cazar. A pesar de la densa vegetación y el difícil relieve, la empresa merecía la pena porque la caza abundaba: cabras montesas, ciervos, alces, osos... y toda clase de animales pequeños de piel: castores, nutrias, martas, marmotas, ratones almizcleros y ardillas. A través de estas actividades de pesca y caza, los indios de la costa noroeste semejaban bastante a los otros habitantes del continente. Pero cuando dejaban arpones, arcos y flechas, su diferencia saltaba a la vista. ▲

En estas grandes casas, construidas con leños y planchas, se alojaban varias familias haidas.

LOS TSIMSHIANS

- Nombre que significa "pueblo del río Skeena".
- Lengua: penuti.
- Estuario del río Skeena.
- Pescadores (salmón), cazadores (osos, ciervos). Muy vinculados con los haidas y los tlingits, aunque mucho menos guerreros. Diestros escultores de madera, hueso y marfil.
- Tuvieron escasos contactos con el mundo blanco hasta la instalación de la compañía de la bahía de Hudson (1831). Luego sufrieron la presión de los buscadores de oro y prospectores.
- Población estimada en 5.000 almas a principios del siglo XIX. Eran 1.700 en 1968.

Los kwakiutls utilizaban esta hacha de piedra para el combate. También les servía para ejecutar a los esclavos rebeldes.

Según una fotografía, finales del siglo XIX.

Bailarín hamatsa con máscara.

LOS KWAKIUTLS

- Dos significados posibles: "humo del mundo" o, con más certeza, "riba al norte" del río.
- Lengua: wakash (segunda división con los bella bellas).
- Ocupaban las riberas del estrecho de la reina Carlota y el norte de la isla Vancouver.
- Navegantes famosos, pescadores y cazadores. Habilidosos escultores y buenos comerciantes.
- Tras el paso de Bodega (1775), supieron recibir a los exploradores ingleses y americanos. Lograron preservar su cultura a pesar de los esfuerzos de los misioneros.
- Unos 4.500 en 1780, eran 2.500 en 1968.

Bailarín kwakiutl (hamatsa), finales del siglo XIX.

BALLENAS Y HOMBRES

LOS TLINGITS

- Nombre derivado de *lingit*, "pueblo".
- Lengua: grupo lingüístico aislado.
- Islas del archipiélago Alejandro, en los confines de Alaska.
- Pescadores de salmón, escultores y cesteros. Comerciantes activos y temibles guerreros.
- Primeros contactos con los rusos. A continuación de la expedición de Chirikov (1741), éstos instalaron una cabeza de puente en la isla Baranov y mantuvieron relaciones tirantes con los tlingits. Cruda epidemia de viruela en 1837. Al cabo de treinta años, los rusos cedieron a los Estados Unidos Alaska y la costa de los tlingits.
- Población estable: 10.000 en 1750, 8.500 en 1985.

Según Mikhail Tikanov, 1818.

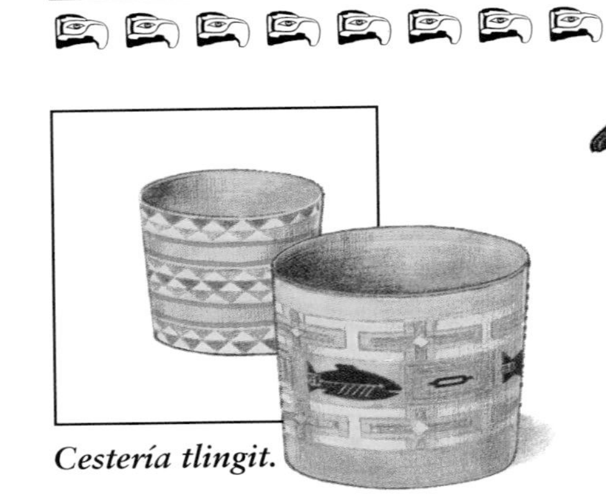

Cestería tlingit.

Según Mikhail Tikanov, 1818.

Estos hombres también eran temibles guerreros. Orgullosos, tenían un sentido de la respetabilidad tan acentuado que les hacía poco aptos a perdonar las afrentas. Se desencadenaban operaciones guerreras largamente prologadas para limpiar cualquier ofensa, operaciones que se liquidaban con muertes, cabelleras, cabezas cortadas, algunos supervivientes llevados como esclavos... y el saqueo sistemático de los bienes de los vencidos.

Del otoño a la primavera, cuando no se dedicaban a preparar un potlatch o a actividades artísticas o guerreras, los indios de la costa noroeste se volcaban al comercio con dinamismo. Más allá de los intercambios entre tribus vecinas, existía una actividad importante entre la costa y las regiones del interior. Al Sur, los chinooks, por el río Columbia, tenían relaciones con los indios de la Meseta, pero lo esencial de los productos de la costa transitaba mediante los tlingits. Pueblo guerrero y emprendedor, éstos eran también hábiles comerciantes que sabían sacar provecho de todas las transacciones. Situados al extremo norte, por ellos pasaba el comercio con los pueblos de Alaska y, al Este, con los atapascos. Los productos de la costa (moluscos, huesos y aceite de ballena) se intercambiaban contra pieles de caribú y cobre.

Los tlingits, como la mayoría de tribus del litoral, respetaban el linaje familiar por las mujeres –origen de una compleja red de responsabilidades en el seno de las familias–. El padre se ocupaba de la educación de los hijos de su hermana mientras que los suyos dependían de la autoridad del hermano de su esposa. La transmisión del saber era esencialmente oral y, muy pronto, los niños aprendían de los mayores la historia del clan y las hazañas de sus guerreros más gloriosos. Se ejercía una estricta disciplina sobre los jóvenes y las muchachas tenían que ser castas hasta el matrimonio. El paso de niña a mujer iba acompañado de ritos rigurosos y muy coactivos: ayuno absoluto durante varios días, total inmovilidad en posición sentada en una pequeña cabaña apartada del poblado, obligación de frotarse los labios y el rostro con una piedra dura durante ocho horas al día... Si la joven no respetaba estos ritos, el resto de su vida se auguraba mal. El fin de su prueba culminaba con la colocación de un "bezote" en el labio inferior.

El matrimonio era mucho más una táctica para incrementar la riqueza del clan que un asunto de sentimientos. La ceremonia de la boda iba marcada, por supuesto, con varias entregas de regalos. ▲

Pesca de la ballena.

Según John Webber, 1778.

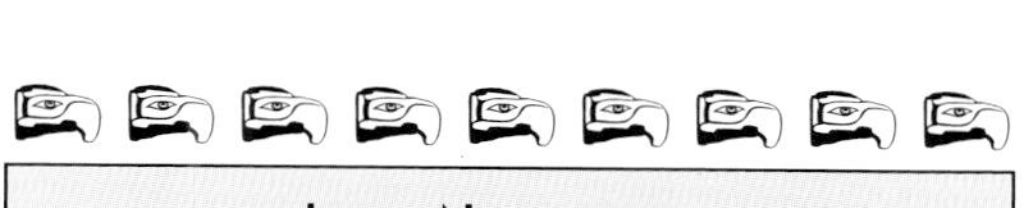

LOS NOOTKAS

- Nombre de origen desconocido.
- Lengua: wakash (primera división con los makahs).
- Costa oeste de la isla Vancouver.
- Grandes cazadores de mamíferos marinos (ballenas, focas, delfines).
- Visitados precozmente por Juan de Fuca (1592), y luego Pérez (1774), Cook (1778) y Vancouver (1792). La fundación de Victoria (1843) marcó el final de su independencia cultural. Convertidos al catolicismo.
- 6.000 nootkas en 1780. 3.200 en 1967, repartidos en la provincia de la Columbia Británica.

LOS MAKAHS

- Nombre que significa "pueblo del cabo".
- Lengua: wakash.
- Poblaban las inmediaciones del cabo Flattery (hoy frontera americo-canadiense), delante de la isla Vancouver.
- Vivían de la recolección y la pesca. También cazaban focas y ballenas.
- Cedieron su territorio a los Estados Unidos en 1855. Sin embargo, se les atribuyó ahí mismo una pequeña reserva en 1893.
- Estimados en 2.000 en 1780, los makahs son aún un millar en Neah Bay.

Según José Cardero, 1791.

*El grizzly (*Ursus horribilis*), residente de las montañas Rocosas, de Alaska a Wyoming alcanza los dos metros cuando se yergue sobre dos patas. Este omnívoro tiene predilección por varias plantas, frutas, setas, insectos, distintos mamíferos e incluso carroña. Gran amante de los peces, pesca el salmón con destreza. Aunque evita al hombre, resulta peligroso por su imprevisibilidad.*

FRUCTUOSOS INTERCAMBIOS

Según un grabado anónimo, hacia 1880.

LOS CHINOOKS

◆ De *tsinuk*, nombre que les daban sus vecinos chehalis. También se les apodaba los "cabezas chatas" porque deformaban los cráneos de sus hijos.

◆ Lengua: chinookan. No debe confundirse con el chinook, lengua comercial usada en el siglo XIX en la región para favorecer los intercambios.

◆ Norte del estuario del Columbia, cerca del emplazamiento actual de Seattle.

◆ Pescadores, se impusieron también como promotores del comercio entre tribus, y, posteriormente, entre indios y blancos.

◆ El inglés John Meares, en busca de pieles, los conoció en 1788, la expedición Lewis y Clark los visitó en 1805. La viruela diezmó a los chinooks en 1829. Sus supervivientes fueron absorbidos progresivamente por otras tribus como los chehalis.

Si los indios de la costa acumulaban riquezas para demostrar a otros (y a sí mismos) su propia grandeza, esta obsesión se acomodaba bastante bien con las fuerzas superiores. Los chamanes eran los instrumentos. Hombres o mujeres, disponían de un poder tan importante como el jefe de la tribu. Eran temidos por su estampa horripilante y los poderes que pretendían poseer: adivinación, curación de enfermedades...

En el Norte, el rito de los chamanes se ejercía ante la única presencia de los que solicitaban la práctica: intervención confidencial, tal vez más humana. En el Sur, con los kwakiutls en particular, se manifestaba el poder de los chamanes a través de poderosas sociedades (las de "Los que comen perros", de "Los que descienden del cielo" y la célebre sociedad Hamatsa "los bailarines caníbales"). Los iniciados se reclutaban sobre todo entre los más ricos de la tribu, los que podían retribuir a los chamanes. Las ceremonias iniciáticas tomaban un carácter espeluznante con el fin de impresionar y reforzar el poder de una élite –chamanes y miembros de la sociedad– sobre el resto de la tribu.

Los indios de la costa noroeste tuvieron un contacto tardío con el mundo europeo. Los primeros fueron, en 1741, los rusos con los dos barcos de la expedición Bering, el *San Pedro* y el *San Pablo*. Una tempestad los separó y el *San Pablo*, capitaneado por Alexis Chirikov, abordó en una costa desconocida, de hecho, la isla Chickagof a 58° de latitud norte. Hallaron indicios de presencia humana y creyeron vislumbrar a unos guerreros montados en canoas. Varios marinos que enviaron a explorar no regresaron jamás.

En 1773, el rey Carlos III de España, tras haber tenido conocimiento de las desventuras rusas, ordenó a una flotilla colocada bajo el mando de Juan Pérez que tomara posesión de todas las tierras situadas al sur del 60° de latitud norte. Cuando arribaron a la isla de la reina Carlota, los españoles conocieron a los haidas, cuyo sentido comerciante les asombró. En 1778, James Cook, prosiguiendo su tercer viaje por el Pacífico, conoció a los nootkas en la isla de Vancouver. Los indios estaban ávidos de adquirir los objetos de hierro (cuchillos, utensilios); los europeos querían pieles. El intercambio habría podido ser provechoso para ambas partes si la codicia de ciertos europeos no hubiera irritado a los indios, a pesar de todo avezados a las sutilezas del trueque. Las relaciones se degradaron rápidamente en los años siguientes. El navegante francés La Pérouse, que exploraba la costa de los tlingits en 1786, subrayó en sus informes la actitud agresiva de los indios, mitigada, afortunadamente para los blancos, por el miedo a las armas de fuego. Una vez más, a pesar del interés que había en intercambiar para conocerse mejor, se había establecido entre los dos mundos una incomprensión alentada por el orgullo, la agresividad y la codicia. ▲

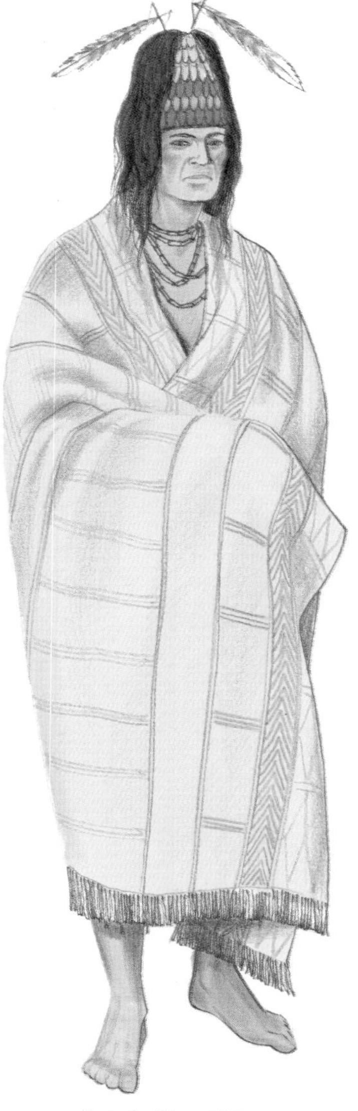

Según Paul Kane, 1847.

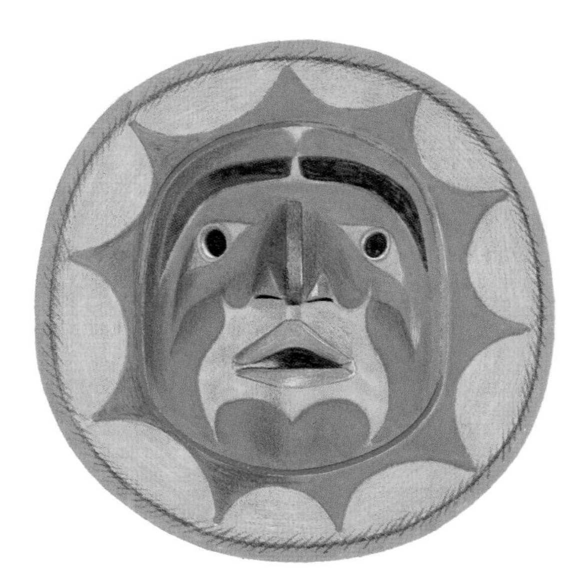

Máscara del Sol bella coola.

LAS TRIBUS SALISHS

◆ Numerosos grupos de lengua salish ocupaban las islas y las costas de la región: bella coolas, comoxs, nanaimos, klallams, nisquallis, puyallups, skagits. Comerciaban activamente con los salishs del interior.

◆ Los más numerosos e influyentes fueron sin duda los cowichans, instalados en el sureste de la isla de Vancouver.

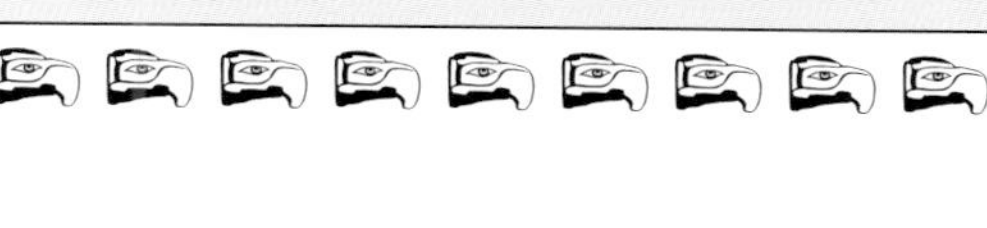

Según José Cardero, 1792.

*La nutria marina (*Enhydra lutris*) puede nadar con velocidad permaneciendo cuatro o cinco minutos sumergida en el agua. Se alimenta de moluscos, cangrejos, erizos y pequeños peces. Confecciona una litera de algas para dormir y se refugia en tierra en caso de peligro (orcas o tiburones que se acercan, tempestades).*

Según una fotografía, 1868.

El Subártico

Los Hombres del Caribú

La región subártica cubre la mayor parte de Canadá y Alaska. Este inmenso espacio se modificó a partir de mediados del siglo XIX bajo la presión de la modernidad pero no sufrió las transformaciones radicales que afectaron, por ejemplo, el este y el centro de Estados Unidos: crecimiento demográfico, fuerte industrialización, deforestación rápida... La migración europea prefirió progresar hacia el oeste en vez de torcer hacia el norte de los Grandes Lagos en que, la mayor parte del año, los hombres del bosque y la tundra sufren las crudezas de los mayores fríos. El área subártica puede subdividirse en tres partes:

1) Una zona muy montañosa, que engloba Alaska, Yukón y la Columbia Británica, constituida por la extremidad septentrional de las Rocosas y dominada por la imponente cordillera donde culmina el Monte Mc Kinley (6.194 m). Poderosos glaciares alimentan los ríos en que abundan los salmones. A media y baja altitud, la región se cubre de una espesa vegetación que aloja una fauna variada: cérvidos (alces, caribús, cabras montesas, musmones), osos (grizzlis, osos negros).

2) La *tundra*, limitada al Norte por el litoral ártico, comprende los actuales territorios del noroeste canadiense y la parte más septentrional del Labrador. Estos territorios, aislados del Pacífico por las importantes cordilleras litorales, reciben escasas precipitaciones. Incluso durante el largo invierno de ocho meses, la capa de nieve apenas sobrepasa los 30 centímetros... pero el suelo está helado sobre una profundidad de 300 metros (el *permafrost*). En primavera, gracias al deshielo, florece una vegetación en que dominan los líquenes y que atrae las bandadas de numerosos pájaros migratorios.

3) Más al Sur, la *taiga*, vasto bosque de pinos y abedules, se extiende del Atlántico a las Rocosas; engloba una parte importante de Quebec, Ontario, Manitoba y Alberta. Con un clima menos crudo, el bosque alberga numerosos animales: castores, ratones almizcleros, zorros, alces, caribús, ciervos, lobos y osos negros.

Con variaciones según las latitudes, estas tres regiones tienen en común un clima continental de gran crudeza, con diferencias de temperatura importantes: veranos cortos y calurosos e inviernos interminables con caídas de temperatura a – 30°C.

Indios de dos familias lingüísticas se repartían el Subártico: al Este, los algonquinos (naskapis, montagnais, ojibwas, crees...) y al Oeste y al Norte, atapascos (los de la división norte de la lengua también llamada *tinneh* o *dene*) con los chipewyans, yellowknives, dogribs, beavers, kaskas, tahltas, carriers, kutchins, tutchones, koyukons, tananas... Los atapascos de la tundra que ocupaban las regiones más frías y pobres de recursos se desplazaban en pequeños grupos de una o dos familias: de temperamento pacífico, dedicaban casi toda la energía a la búsqueda de comida. Los algonquinos, que, mayoritariamente, vivían en el bosque, disfrutaban de un entorno más rico y clemente. Eran seminómadas y a menudo agresivos cuando, por casualidad, a los vecinos se les ocurría penetrar en sus territorios de caza. ▲

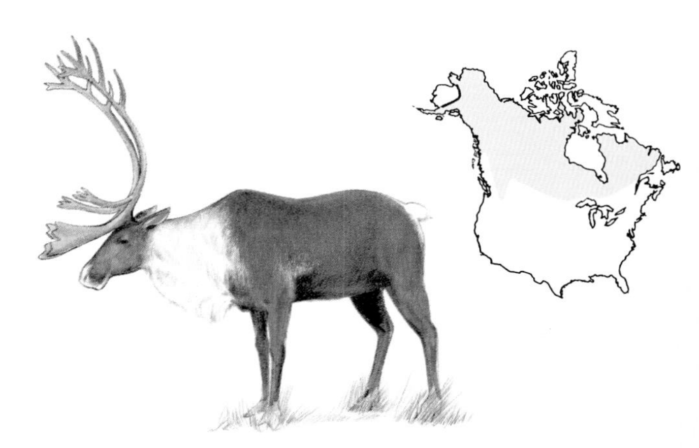

*El caribú (***Rangifer taraudus***), versión americana del reno europeo o asiático, es un animal gregario que se desplaza a veces en inmensas manadas de varios miles de cabezas. En invierno, se alimenta básicamente de líquenes; durante el buen tiempo, también come hierbas, juncos, setas, ramillas de abedul y sauce.*

Los Cazadores del Gran Norte

Un punto en común unía a todos estos pueblos: el caribú, animal que se desplazaba en manadas innumerables. Como el bisonte para los indios de las Llanuras, suministraba carne, pieles y varios materiales indispensables –huesos, candiles, nervios para las armas y los utensilios–. Las migraciones de caribús condicionaban el nomadismo de los indios: desplazamiento hacia el norte desde la llegada del buen tiempo para el nacimiento de las crías, reflujo hacia el bosque al regreso de los grandes fríos. Ubicados en los límites de la tundra y la taiga, los chipewyans eran de los que vivían al ritmo de tales migraciones.

De campamento de verano a campamento de invierno, jamás permanecían mucho tiempo en el mismo sitio. Sus habitáculos de verano, simples tipis tapados con pieles, se montaban y desmontaban con rapidez. Una vez establecido el campamento, cada uno emprendía sus quehaceres habituales. Los hombres cazaban, pescaban o construían canoas; las mujeres se ocupaban del fuego, el agua, la cocina, y, a la vuelta de los cazadores, se encargaban asimismo del descuartizamiento de los animales, el secado de la carne, el curtido de las pieles y la confección de la ropa. Durante los desplazamientos, transportaban las cargas. A pesar de estas múltiples tareas, no se veían demasiado favorecidas a cambio; ¡comían después de los hombres y sólo si quedaba algo! Este estado de subordinación es frecuente en las tribus que sufrían condiciones de vida difíciles. La necesidad de asegurar el abastecimiento de comida, esencial para la supervivencia de la comunidad, hacía que el papel de cazador, o sea del hombre, fuera preponderante. En invierno, tras las huellas de los animales que hostigaban, los chipewyans establecían sus campamentos más al sur, en el bosque. ▲

Según Alexander Murray, 1847.

Los Kutchins

- Etimológicamente, "pueblo".
- También llamados "bizcos".
- Lengua: atapasco.
- Región comprendida entre el alto valle del Yukón y la desembocadura del río Mackenzie.
- Muy hospitalarios, tenían, sin embargo, fama de ser más agresivos que los demás atapascos. Eran grandes cazadores de animales de piel, utilizando trampas.
- Los kutchins formaban, de hecho, un grupo de tribus que tenía cada una su territorio: kutcha, dihai, tennuth, takkuth, tatlit...
- Alejandro Mackenzie los conoció en 1789. Sus relaciones con el mundo blanco se establecieron luego por la vía de la Compañía de la Bahía de Hudson. El descubrimiento de oro en el valle del Klondike trastornó la vida nómada y libre.
- Población total evaluada en 1.200 individuos en 1936.

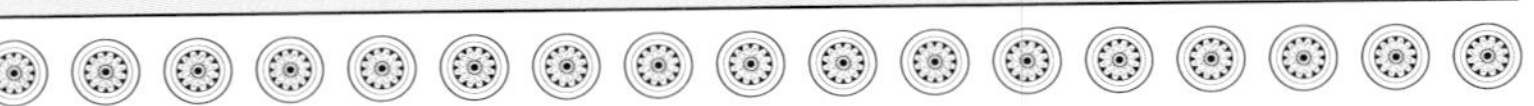

*La spruce grouse (***Dendragapus canadensis***), cercana de las variedades europeas, poblaba la taiga y la tundra subárticas. La ruffed grouse (***Bonasa umbellus***) compartía el mismo biotopo.*

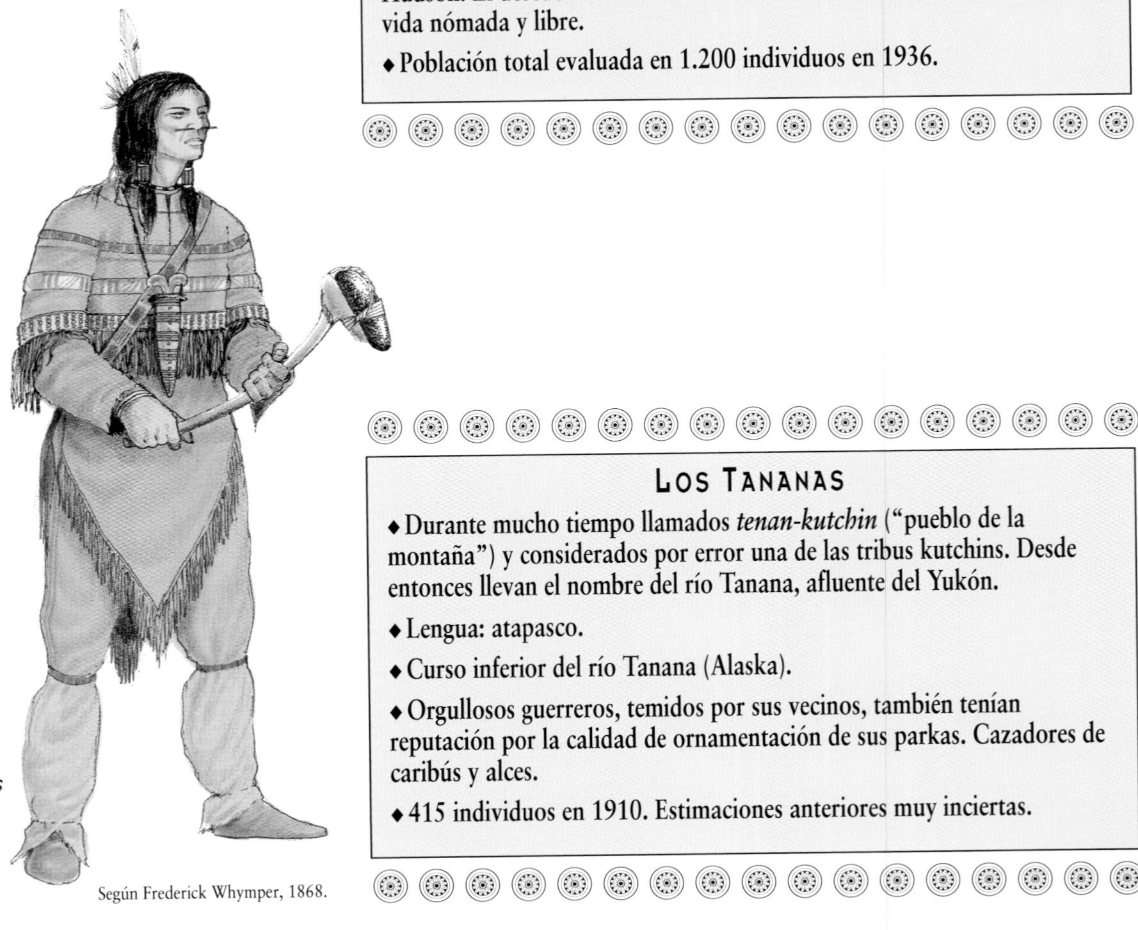

Según Frederick Whymper, 1868.

Los Tananas

- Durante mucho tiempo llamados *tenan-kutchin* ("pueblo de la montaña") y considerados por error una de las tribus kutchins. Desde entonces llevan el nombre del río Tanana, afluente del Yukón.
- Lengua: atapasco.
- Curso inferior del río Tanana (Alaska).
- Orgullosos guerreros, temidos por sus vecinos, también tenían reputación por la calidad de ornamentación de sus parkas. Cazadores de caribús y alces.
- 415 individuos en 1910. Estimaciones anteriores muy inciertas.

Según Emile Petitot, 1860.

Los Dogribs

- Su nombre, *thlingchadinne*, significaba "pueblo del lomo del perro". Según una leyenda, esta tribu nació de la unión de una mujer con un ser sobrenatural medio hombre, medio perro.
- Lengua: atapasco.
- Territorio que separa el Gran Lago del Oso del Gran Lago de los Esclavos.
- Vivían en buen entendimiento con sus vecinos eslavos, con quienes compartían la reputación de pueblo pacífico. Altos y poco comunicativos, cazaban caribús y bueyes almizcleros. Llevaban barba y bigote.
- Rechazados hacia el Norte por las incursiones crees, se excluyeron a sí mismos del comercio de pieles por miedo a atravesar el territorio de las tribus rivales.
- Población estimada en 1.250 en 1670, eran 1.150 en 1906.

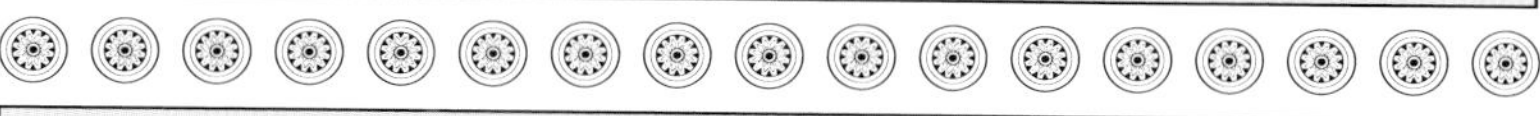

Los Yellowknives

- Su verdadero nombre, *tatsanottine*, significaba "hombres de la espuma de agua". Más conocidos con los nombres *Copper Indians* ("indios del cobre"), *Cuchillos Amarillos* o *Cuchillos Rojos*, nombres que hacían referencia al Coppermine River.
- Lengua: atapasco.
- Orilla norte y este del Gran Lago de los Esclavos.
- Cazadores de caribús y bueyes almizcleros.
- La historia de los tatsanottines es de color cobre. Ricos de este mineral que permitía fabricar armas y utensilios, se beneficiaban de un desahogo privilegiado. Pero cuando los europeos introdujeron en el mercado artículos de hierro y acero, los yellowknives, impotentes ante semejante competencia, emigraron lentamente hacia el Sur.
- Su efectivo se estimaba en 500 en 1906.

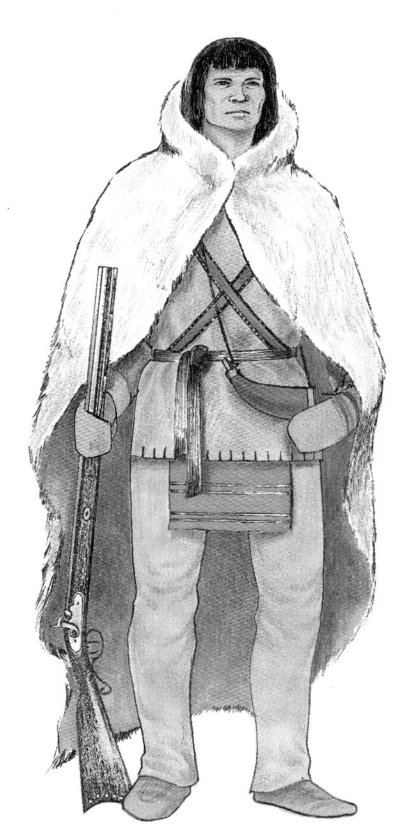

Según Robert Wood, 1821.

Los Chipewyans

- Contracción del algonquino-cree *chipwayanawok*, que significa "pieles de punta", con referencia a las túnicas de los atapascos.
- Lengua: atapasco.
- Territorio comprendido entre el lago de los Esclavos al noroeste, el lago Athabasca al suroeste y la bahía de Hudson al este.
- Grandes cazadores de caribús y pescadores. El abad Petitot les atribuyó las mismas cualidades que sus vecinos: "inocentes y naturales en su vida y sus maneras, sensatos y con afán de justicia".
- Adversarios ancestrales de los crees algonquinos, los chipewyans tuvieron que ceder ante éstos al llegar los blancos (1717) y extenderse el comercio de pieles. Fueron rechazados hacia el Norte y el Oeste, hasta la epidemia de la viruela (1779) que asoló duramente a ambos pueblos.
- 3.500 a principios del s. XVIII, se censaron 4.643 descendientes en 1970.

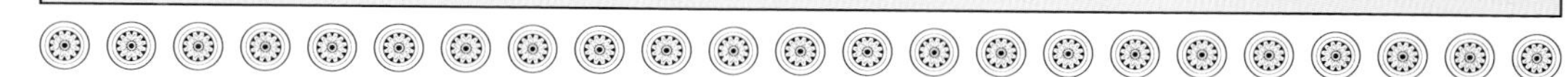

Según Emile Petitot, 1862.

De Manitoba a Labrador

Según Peter Rindisbacker, 1821.

Los Crees

◆ Contracción de *christinaux*, forma francesa de *kenistenoag*, uno de sus nombres. Ellos se llamaban *iyiniwok*, "los de la primera raza". Los atapascos del norte los designaban con el nombre *enna*, "enemigos".

◆ Lengua: algonquino.

◆ Pueblo eje entre algonquinos y atapascos, los crees estaban escindidos en dos ramas: los crees de las llanuras (véase p. 37) y los crees de los bosques que ocupaban el espacio entre la ribera oeste de la bahía James y el lago Athabasca. Un grupo cree de cazadores nómadas, conocido con el nombre de *têtes de boule* (cabezas de bola), vivía también en Quebec.

◆ Los crees de los bosques, cazadores y pescadores, sobresalían en la conducción de sus canoas de corteza de abedul.

◆ Los crees, estratégicamente establecidos, estuvieron en el meollo de la competencia franco-inglesa por el control del comercio de pieles. Aliados con el pueblo chipewa, mantuvieron buenas relaciones con los blancos, en detrimento de los atapascos del norte y del oeste.

◆ Estimada en 15.000 individuos en 1776, la población cree se vio severamente afectada por la viruela. Los crees, caídos en 2.500 en el siglo XIX, serán hoy en día unos 10.000 en Manitoba y 5.000 en los Territorios del Norte.

Los atapascos del norte de Canadá y Alaska afrontaban fríos extremos, dado que la temperatura descendía con frecuencia a menos de – 60° C. Medio enterrados, sus refugios comportaban dos capas de pieles para asegurar una mejor protección. Los algonquinos compartían las mismas adversidades, pero su entorno ofrecía una mayor variedad de caza (castores, puerco espines, patos, ocas). Los animales grandes (caribús y alces) eran más vulnerables en la nieve profunda en la que se hundían que sobre el suelo helado de la tundra.

Todos los indios del Subártico esperaban la primavera como una liberación. Podrían dedicarse de nuevo a sus actividades tradicionales: los naskapis a la pesca de truchas, los kutchins y los koyukons a la caza del ratón almizclero, los algonquinos a la fabricación del jarabe de arce... La primavera también era el momento de los reencuentros entre tribus amigas y ocasión de intercambios: sílex, pieles, objetos de cobre (cuchillos, lezno) cambiaban entonces de manos. Durante los siguientes meses, los atapascos del oeste reanudaban activamente la pesca del salmón y todos, su carrera tras las manadas de caribús que migraban del Sur al Norte a través de los grandes espacios. Los cazadores chipewyans recorrían de nuevo la tundra, colgándoles de la cintura cuernos de caribú: al chocar entre ellos, éstos atraían algún que otro macho solitario que creía ir a participar en un combate para la posesión de una hembra. Las mujeres naskapis ahumaban carne y peces y los ojibwas recolectaban arroz silvestre en la orilla del Lago Superior.

Según Peter Rindisbacker, 1821.

Este ciclo, inmutable, se perturbó rápidamente con la llegada de los blancos. Tramperos franceses e ingleses fueron al encuentro de los indios a partir del siglo XVII para intercambiar cuchillos de hierro, fusiles y mantas con pieles. Al cabo de dos siglos, el comercio dependía de las grandes compañías, como la de la Bahía de Hudson. Los indios iban a abastecerse en sus establecimientos: fusiles, pólvora, cuchillos, hachas se volvían de su propiedad, tarifados según la única moneda en vigor: la piel de castor. ▲

*El lobo (*Canis lupus*) poblaba todo el norte del continente. Animal inteligente y gregario, vivía y cazaba en jaurías de 5 a 7, incluso 15 individuos. Aunque predador rival del cazador indio, el lobo era un animal tabú para la mayoría de atapascos, sobre todo para los chipewyans que lo asimilaban con el perro, asimismo hermano del hombre.*

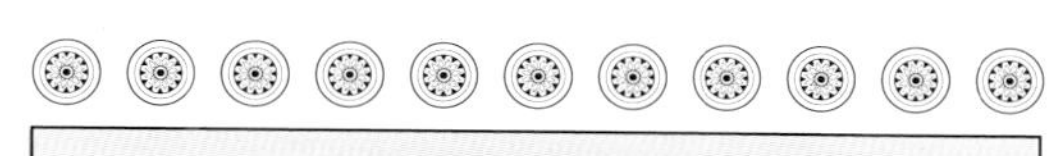

Los Naskapis

- Nombre dado por los montagnais que significa rústico, tosco, duro. Se llamaban a sí mismos *nanenot*, "los verdaderos hombres".
- Lengua: algonquino.
- Región central de Labrador.
- Cazadores de caribús y caza menor.
- Aliados con sus vecinos montagnais. Sus únicos enemigos eran los inuits establecidos más al Norte.
- Varios centenares de naskapis viven en Quebec.

Según un grabado del siglo XIX.

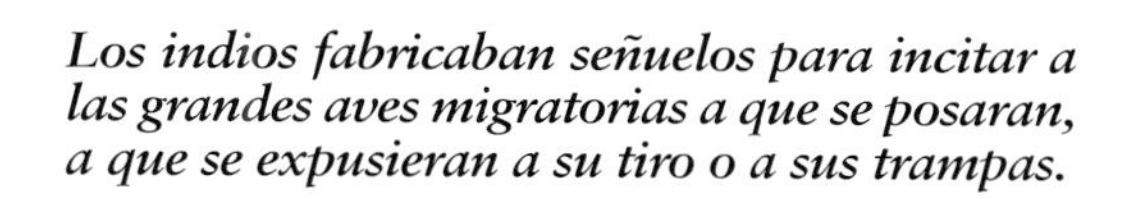

Los indios fabricaban señuelos para incitar a las grandes aves migratorias a que se posaran, a que se expusieran a su tiro o a sus trampas.

Los Montagnais

- Nombre dado por los franceses ("montañeses") debido a la topografía de su territorio. Se llamaban *ne-enoilno*, "pueblo perfecto".
- Lengua: algonquino.
- Sur de Labrador, entre el estuario del San Lorenzo y la bahía James.
- Pescadores y cazadores. Nómadas en colectivos de 50 a 100 individuos.
- Unidos a los naskapis y a los crees por grandes similitudes de lenguaje. Sus enemigos tradicionales eran los micmacs y, sobre todo, los iroqueses. Ampliamente evangelizados, se volvieron fieles compañeros de los franceses en el comercio y la guerra. La escasez de los animales de pieles, el hambre, la guerra y las epidemias los amenazaron de extinción.
- Unos 7.000 montagnais viven en nueve reservas de Quebec.

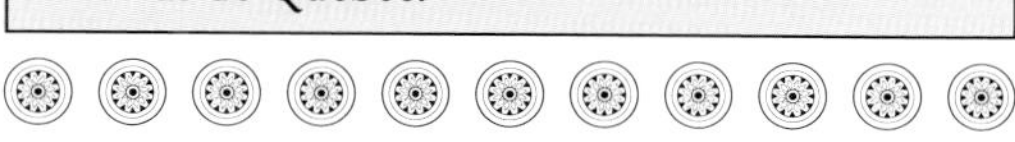

Según David Pelletier, 1613.

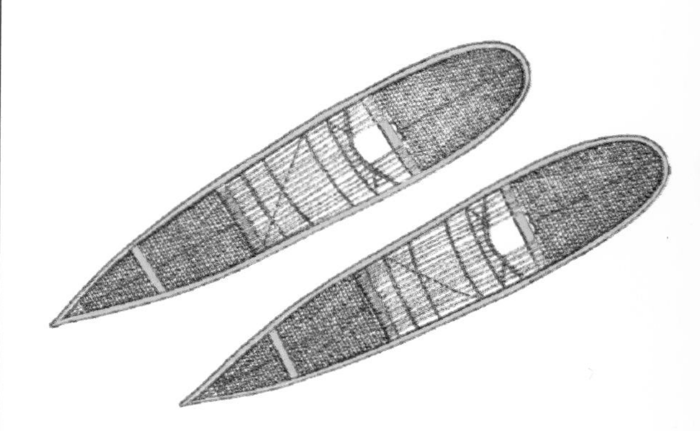

Muy estrechas, las raquetas de los kutchins y sus vecinos alcanzaban 75 cm de largo. Los algonquinos preferían formas más ovaladas. Permitían a los cazadores desplazarse con rapidez por la nieve, una ventaja capital para la persecución de los animales grandes.

La Zona Ártica

Los Hombres de la Foca

Mientras que el estrecho de Bering fue el paso obligado de los pueblos del centro de Asia, la migración inuit la llevaron a cabo hombres que vivían al nordeste de Siberia, en las inmediaciones del círculo polar y que se desplazaron lentamente hacia el Este y el actual Alaska. Migración por la banquisa o por vía de agua, que prosiguió hacia el extremo norte canadiense y Groenlandia. Sin duda, estos pueblos fueron los últimos que pasaron de Asia a América (hacia el 3.000 a. de J. C.); permanecieron más cercanos por la cultura y la lengua a sus primos nortesiberianos que a los indios del continente. Los inuits ("hombres" en su lengua) se volvieron, para los vecinos del sur, esquimales (de *askimon* en algonquino-cree: "come crudo"), alusión a su costumbre de comer sin cocción carne de foca.

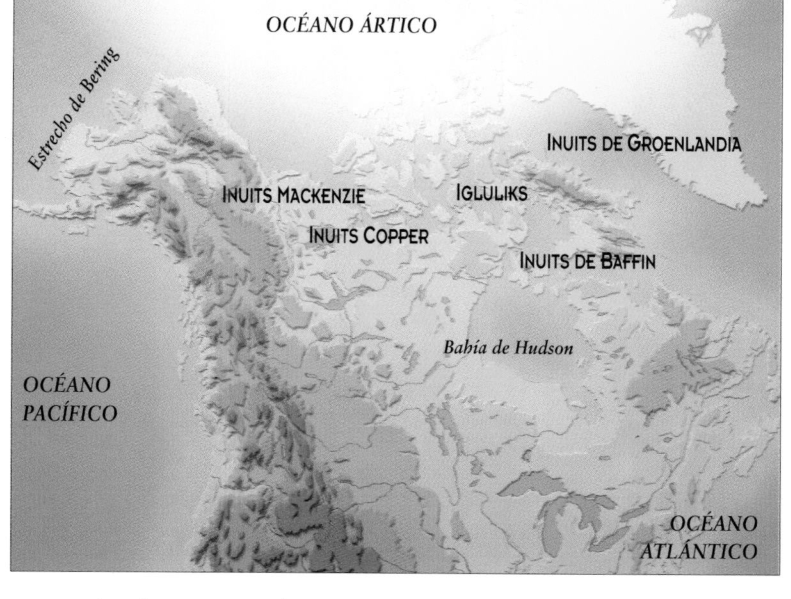

Se pueden distinguir tres zonas principales en este mundo inuit que se extiende por más de 7.000 kilómetros de Oeste a Este:

–Al Oeste, todo el litoral de Alaska, desde las islas aleutianas hasta la desembocadura del Mackenzie. Los aleutas, los más al sur, construían sus habitáculos con madera y osamenta de cetáceos; los más septentrionales vivían en refugios medio enterrados cubiertos de tierra.

–En la extremidad Este, Groenlandia. Los inuits vivían en construcciones de tierra y cazaban ballenas en el estrecho de Davis. Ya en el siglo X estuvieron en contacto con los vikingos; de este acercamiento nació un fructuoso comercio de pieles, y marfil entre Groenlandia y Europa del Norte.

–La región central, del Mackenzie a la ribera norte de Labrador, que engloba las islas y los territorios circundantes de la parte septentrional de la bahía de Hudson. En estos espacios, los inuits tuvieron que afrontar las crudezas de una naturaleza hostil y llevar un combate incesante por su supervivencia en las inmensidades de hielo barridas por los vientos polares. Un anciano que no podía seguir era abandonado con varios víveres en un refugio de hielo. Si los alimentos llegaban a faltar, el canibalismo podía ser un recurso: se sacrificaba a un niño, generalmente una niña... porque los chicos eran futuros cazadores. Nada tenía que comprometer la supervivencia de la comunidad.

Esta espantosa vida tan cruda únicamente se suavizaba por la relación que mantenían los inuits con la naturaleza y lo sobrenatural, su convencimiento de que las almas de los hombres y de los animales pasaban de vida a vida, de una especie a la otra. Esta visión los forzaba a respetar un conjunto complejo de rituales. Por ejemplo, siempre era necesario separar las actividades de caza y pesca, no emplear las mismas armas, no llevar la misma ropa para una y otra actividad... no comer carne de caribú el mismo día que la carne de foca. El animal capturado con una trampa se ejecutaba según un ceremonial preciso: había que dar las gracias a su alma por el éxito otorgado al cazador. El alma, satisfecha de los respetos de que se le había dado muestras, iría a habitar otro animal y volvería a ofrecerse a los hombres. ▲

*La foca (*Phoca hispida*) aparece en toda la zona ártica, de Alaska a Labrador y Terranova. Puede permanecer inmersa durante más de 20 minutos, pero, con más frecuencia, vuelve a la superficie a respirar cada tres minutos por los agujeros que ha abierto en el suelo.*

Cazadores Inuits

Caza de la foca.

Durante el invierno ártico, largo crepúsculo débilmente iluminado por un sol que sólo aparece unas horas al día al horizonte, el suelo de la tundra estaba cubierto de hielo y nieve. Los hombres sólo podían encontrar subsistencia en el litoral, donde cazaban focas. Había que encontrar la bahía en la que habían cazado en años anteriores, pero lo más difícil resultaba encontrar los agujeros en el hielo, donde las focas iban a respirar a intervalos regulares. El cazador lograba descubrirlos gracias al olfato de su perro, el husky. Durante el verano, a lo largo de las costas de Alaska y Labrador, los inuits podían entregarse a bordo de las *kayaks* a los riesgos –y placeres– de la caza de morsas. En un mar momentáneamente liberado de los hielos, también se lanzaban a la caza de los cetáceos: ballenas, cachalotes, narvales, marsopas.... Esta caza se practicaba a bordo de los *umiaks*, embarcaciones de diez metros construidas con huesos y pieles de ballena.

Los inuits se desplazaban en grupos de 40 a 50 individuos, entre los cuales 10 a 15 cazadores. No tenían jefe pero, para las operaciones de caza, se solía designar a un responsable, el más experimentado. El único que disfrutaba de poder era el chamán. Cazador, padre de familia como los demás cazadores de la comunidad, era capaz de entrar en relación con los espíritus y poseía el don de cuidar, incluso de curar. Con algunas variaciones, estos pueblos hablaban la misma lengua: el esquimo-aleut. A pesar de las condiciones de vida muy difíciles, los inuits eran hombres alegres y hospitalarios y su vida comunitaria estaba impregnada de calor y amistad. ▲

Inuits de Baffin, según John White, siglo XVI.

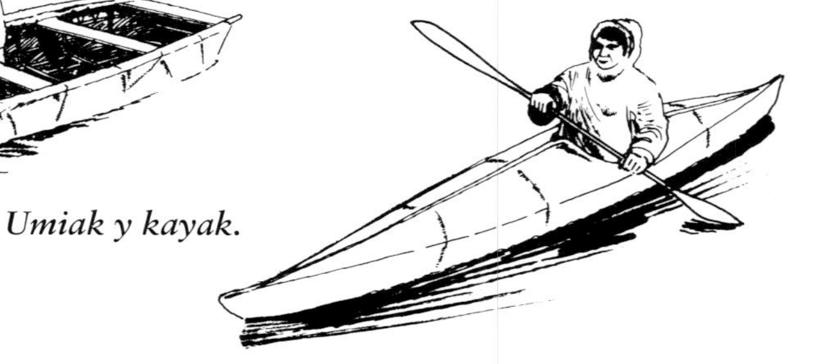

Umiak y kayak.

Trabajo sobre marfil con un taladro de ballesta.

Exterior e interior del iglú inuit.

Inuit del Mackenzie, finales del siglo XIX.

Inuit iglulit, siglo XIX.

Inuit copper, siglo XIX.

Inuit del norte de Groenlandia, siglo XIX.

ÍNDICE DE LOS PUEBLOS INDIOS

Las cifras impresas en cursiva corresponden a la página en que figura la ficha de la presentación de la tribu.

♦ A

ABENAKIS : 20, *21*
ALGONQUINOS : *25*
ANADARKOS : 48
ANASACIS : 54, 56
APACHES : 44, 51, *56*, 57, 58, 68, 72
APALACHES : *9*, 13
ARAPAHOES : 35, 36, *37*, 38, 39, 40, 51, 72
ARIKARAS : 46, *48*, 51
ASSINIBOINS : 34, 35, 37, 38, 40, *41*, 51
ATSINAS : 34, *35*, 47, 51

♦ B

BANNOCKS : 66, *67*, 68, 69
BARRIGUDOS
(Véase ATSINAS e HIDATSAS)
BEAVERS : 85
BELLA BELLAS : 79
BELLA COOLAS : 82
BEOTHUKS : 20

♦ C

CADDOS : *48*, 49
CALUSAS : 7, *8*
CARRIERS : 85
CATAWBAS : 9, *12*, 38
CAYUGAS (IROQUESES) : 22, 23
CAYUSES : 61, 70, 72, *73*
CHEHALIS : 82
CHEROQUIS : 8, 10, *11*, 12, 29
CHEYENES : *36*, 37, 38, 39, 40, 51, 72
CHICKASAWS : 8, *11*
CHINOOKS : 70, 75, 80, *82*
CHIPEWAS (OJIBWAS) : 26, 88
CHIPEWYANS : 85, 86, *87*, 89
CHIRICAHUAS (APACHES) : 56
CHIWERES : 38, 44
CHOCTAWS : *11*, 48
CHUMASHS : 62, *63*
COMANCHES : 36, 37, 44, *50*, 51, 56, 68, 72
COMOXS : 82
CORAZONES DE LEZNO : 61, 70
COSTANOS : 62
COWICHANS : 82
CREEKS : 9, *10*, 11, 12, 13, 30
CREES : 26, 37, 39, 41, 47, 72, 85, 87, *88*, 89
CROWS : 34, 35, 38, 39, 40, 44, *47*, 51, 67, 72

♦ D

DAKOTAS (SIUX) : 27, 35, 37, 38, *39*, 40, 41, 43, 47, 48, 49, 72
DELAWARES : 16, *18*, 21, 22, 29, 30, 31
DHEGIHAS : 38, 42, 43, 44
DOGRIBS : 85, *87*

♦ E

ERIES : 22
ESQUIMALES (véase INUITS)

♦ F/G

FLATHEADS : 34, 61, 70, *75*
FOXS : 26, 27, *28*, 29, 42, 45

♦ H

HAIDAS : *78*, 79, 82
HATTERAS : 16
HAVASUPAIS : 58
HIDATSAS : 35, 38, 40, 46, *47*, 48
HOHOKAMS : 54, 56
HOPIS : *54*, 55
HUNKPAPAS (SIUX) : 36, 38, 51
HUPAS : 62, 64, *65*
HURONES : 22, *24*, 25, 26, 29

♦ I/J

ILLINOIS : *31*
INUITS : 89, 91, 92, 93
IOWAS : 38, 42, 44, *45*, 51
IROQUESES : 11, 22, *23*, 24, 25, 31, 89
ITAZIPCHOS (SIUX SANS-ARC) : 38
JICARILLAS (APACHES) : 56

♦ K

KAINAHS (PIES NEGROS) : 34
KANSAS : 38, 42, *43*
KAROKS : *65*
KASKAS : 85
KASKASKIAS : 31
KICKAPOOS : *29*, 31
KIOWA-APACHES : 51, 56
KIOWAS : 37, 39, 44, *51*, 52, 72
KLALLAMS : 82
KLIKITATS: 61, 73
KOYUKONS : 85, 88
KUTENAIS : 34, 61, 70, *75*
KUTCHINS : 85, *86*, 88, 89
KWAKIUTLS : *79*, 82

♦ L

LAKES : 70
LAKOTAS (véase DAKOTAS)
LIPANS (APACHES) : 56
LUISENOS : 62

♦ M

MACHAPUNGAS : 16
MAHICANOS : *21*
MAKAHS : 70, 78, *81*
MALECITAS : 20
MANDANAS : 38, 40, *46*, 47, 48, 49, 51, 72
MASSACHUSETTS : 16
MDEWKANTON : 38
MENOMINIS : 26, *27*
MESCALEROS (APACHES) : 56
MIAMIS : *30*, 31
MICMACS : *20*, 89
MINICONJOUS (SIUX) : 38
MISURIS : 38, 44, *45*
MIWOKS : 62, *63*
MOGOLLONS : 54, 56
MOHAWKS (IROQUESES) : 3, 21, 22, 23
MOHICANOS : 16, 19, 21
MOJAVES: 61, *62*
MONTAGNAIS : 85, *89*
MUSKOKES : 10

♦ N

NAKOTAS (véase DAKOTAS)
NANAIMOS : 82
NANTICOKES : 16
NARRAGANSETS : 3, 16, *19*
NASKAPIS : 85, 88, *89*
NATCHEZ : *9*, 10
NAVAJOS : 54, *58*, 59, 68, 72,
NEUTRALES : 22
NEZ-PERCÉS : 44, 61, 67, 70, 72, 73, 74, 75
NISQUALLIS : 82
NOOTKAS : 70, 78, *81*, 82

♦ O

OGLALAS (SIUX) : 36, 38, 40, 41, 51
OJIBWAS : *26*, 28, 29, 37, 39, 72, 85, 88
OMAHAS : 27, 38, 40, 42, *43*, 51
ONEIDAS (IROQUESES) : 22, 23
ONONDAGAS (IROQUESES) : 22, 23
OOHENONPAS (SIUX) : 38
OSAGAS : 38, *42*, 43, 45, 48, 51, 72
OTOS : 38, *44*, 45
OTTAWAS : *25*, 26, 31

♦ P

PAIUTAS : 66, *68*, 69
PALOUSES : 72, *73*
PAMLICOS : 16
PAPAGOS : 58
PAWNEES : 22, 29, 37, 39, 42, 44, *49*, 51, 72
PENNACOOKS : 20, 21
PENOBSCOTS : 21
PEORIAS : 30
PEQUOTS : 3, 19
PIANKASHAWS : 30, 31
PIES NEGROS : *34*, 35, 38, 39, 40, 42, 44, 51, 67, 72, 75
PIMAS : 58
POKANOKETS : 3
POMOS : *64*
PONCAS : 38, 40, 42, *43*, 44
POTAWATOMIS : 26, *29*
POTOMACS : 17
POWHATANOS : 16, *17*
PUEBLOS : *55*, 56, 58, 72
PUYALLUPS : 82

♦ Q/S

QUAPAWS : 38, 42
SALISHS : 70, 75, 82
SANPOILS : 70, 74

SANTES (SIUX) : 36, 38, 39
SAUKS : 26, 27, *28*, 29, 45
SAWAGONIS (SHAWNEES) : 31
SECOTANOS : *16*
SEMÍNOLAS : 8, 12, *13*
SENECAS (IROQUESES) : 22, 23
SHAWNEES : 11, 30, *31*
SHOSHONES : 36, 37, 44, 51, 66, *67*, 69, 72, 74
SHUSWAPS : 61, 70
SICHANGUS (SIUX QUEMADOS) : 38
SIKSIKAS (PIES NEGROS): 34, 37, 41, 47
SISSETONS : 38
SIUX : 3, 27, 28, 33, 34, 36, 37, 38, 39, 41, 46, 49
SKAGITS : 82
SLAVES : 87
SPOKANS : 70, *71*

♦ T/U
TABACOS : 22
TAHLTAS : 85
TANANAS : 85, 86
TETONS : 38, 40, 41, 42, 51
THOMPSONS : 61, 70, 71
TIMUCUAS : *9*, 10
TIPAIS : 62
TLINGITS : 79, *80*, 82
TONTOS (APACHES)
TSIMSHIANS: *79*
TUSCARORAS (IROQUESES) : 15, 16, 22, 23
TUTCHONES : 85
UMATILLAS : 72, 73
UTAS : 37, 66, 68, *69*, 72

♦ W
WAHPEKUTES : 38
WAHPETON : 38
WALLA-WALLAS : 61, *72*
WAMPANOAGS : 16, *19*
WASCOS : 73
WASHOS : *66*, 69
WEAS (MIAMIS) : 30, 31
WENDATS (HURONES) : 24
WESTERN APACHES : 56
WHITE MOUNTAIN (APACHES) : 56
WICHITAS : 48, *49*, 51
WINEBAGOS : 15, 26, *27*, 38, 43, 45, 46

♦ Y/Z
YAKIMAS : 61, 70, *73*, 74
YAMASIS : 9, 10, 12, 13
YANKTON : 38
YANKTONAI : 38, 41
YELLOWKNIVES : 85, *87*
YOKUTS : 62, *63*
YUCHIS : 9, *12*, 38
YUMAS : 58, *59*, 62
YUROKS : 64, *65*
ZUÑIS : 54, *55* ▲

IOWA. Según George Catlin, 1844.

El autor está agradecido a los siguientes organismos,
que lo ayudaron y apoyaron durante las investigaciones que realizó:

Musée de l'Homme, Paris (département Amérique)
Centre culturel américain, Paris
Centre culturel canadien, Paris
Centre culturel espagnol, Paris
Mojave County Historical Society, Kingman (Arizona)
Arizona State Museum, Tucson (Arizona)
Historical Association of Southern Florida, Miami (Floride)
Clearwater historical Society, Orofino (Idaho)
Appaloosa Museum, Moscow (Idaho)
Field Museum, Chicago (Illinois)
Historical Museum, Lansing (Michigan)
Winnebago Area Museum, Winnebago (Minnesota)
State Museum, Jefferson City (Missouri)
Iroquois Indian Museum, Schoharie (New York)
Cherokee Historical Society, Tahlequah (Oklahoma)
Pawnee Bill State Park, Pawnee (Oklahoma)
Provincial Museum, Edmonton (Alberta)
Museum of Northern British Columbia, Prince Rupert
Museum of Natural History, Regina (Saskatchewan)
Vancouver Museum (Colombie britannique)
The Fine Arts Museum, San Francisco (Californie)
South Bannock County Historical Center, Lava Spring (Idaho)
Kansas state Historical Society, Topeka (Kansas)
Six Nations Indian Museum, Onchiota (New York)
The Five Civilized Tribes Museum, Muskogee (Oklahoma)
Sioux Indian Museum, Rapid City (S. Dakota)
Buffalo Bill Historical Center, Cody (Wyoming)
Algonquin Park, Whitney (Ontario)
Huron County Museum, Godemich (Ontario)
Musée Canadien des Civilisations, Hull (Québec)
Klamath County Museum, Klamath Falls (Oregon)
University of Maine, Orono (Maine)
Museum of Florida History, Tallahasee (Floride)
University of Oregon, Eugene (Oregon)
Washington State University, Pulleman (Washington)

Agradecimientos particulares:

a Anne Vitard y M. Daniel Lévine del Musée de l'Homme de París,
a Carole Caraguel y a Eric Bondoux, Maurice Delange,
Philippe Grasset, Bernard Gilson, Olivier Legay y Roland Schmitt.

Título original en francés: Atlas des indiens d'Amérique du Nord

Provenza 101, 08029, Barcelona
Traducción del francés por Mireia Porta i Arnau
ISBN 84-261-2924-2
Número de edición de E. J.: 9.172
Impreso en Bélgica

Todos los mapas e ilustraciones de esta obra son del autor.
Concepto gráfico: Nathalie Pecquet, París
Créditos fotográficos:
A. Thomas, Explorer, p. 2 et 32/G. Boutin, Explorer,
p. 6 et 11/S. Cordier, Explorer,
p. 52/J.-L. Georges, Explorer, p. 60/M. Koene, Explorer,
p. 76/R. Baumgartner, Explorer, p. 90/Embajada del Canada, división de turismo, p. 84.

ÍNDICE DE MATERIAS

Prefacio	3
Prólogo	4
EL SURESTE. LOS HOMBRES DEL CAIMÁN	**7**
Los Pueblos de Florida	8
Los Agricultores del Misisipí	10
Los "Hombres del Sol"	12
EL GRAN BOSQUE. LOS HOMBRES DEL CASTOR	**15**
En Nombre de la "Reina Virgen"	16
"Abuelos y Pueblos del Este"	18
Entre el Hudson y el San Lorenzo	20
La Liga de las Naciones	22
Las Inmediaciones del Lago Hurón	24
Con los "Hombres del Arroz Salvaje"	26
Tierra Amarilla y Zorros Rojos	28
Algonquinos del Sur	30
LAS GRANDES LLANURAS. LOS HOMBRES DEL BISONTE	**33**
Pies Negros y Barrigudos	34
Alrededor de los Cheyenes	36
Los Dueños de las Llanuras	38
Los Guerreros de Piedra	40
Los Siux Dhegihas	42
Los Siux Chiweres	44
A lo Largo del Misuri	46
"Los que Comen Maíz"	48
El Ancho Camino	50
EL SUROESTE. LOS HOMBRES DE LA SERPIENTE	**53**
Kiwas y Katchinas	54
Los Rebeldes de las Montañas	56
Agricultores en Arizona	58
CALIFORNIA. LOS HOMBRES DEL CIERVO	**62**
Pescadores y Cesteros	64
LA GRAN CUENCA. LOS HOMBRES DEL COYOTE	**66**
A Orillas del Colorado	68
LA MESETA. LOS HOMBRES DEL SALMÓN	**70**
En el Corazón de las Rocosas	72
Cabezas Chatas y Narices Horadadas	74
LA COSTA NOROESTE. LOS HOMBRES DE LA ORCA	**77**
Los Escultores de Thuya	78
Ballenas y Hombres	80
Fructuosos Intercambios	82
EL SUBÁRTICO. LOS HOMBRES DEL CARIBÚ	**85**
Los Cazadores del Gran Norte	86
De Manitoba a Labrador	88
LA ZONA ÁRTICA. LOS HOMBRES DE LA FOCA	**91**
Cazadores Inuits	93
Índice	94